Nakano Yoshihiro
中野佳裕

# カタツムリの知恵と脱成長

## 貧しさと豊かさについての変奏曲



# La décroissance, ou la sagesse de l'escargot

## variations sur la pauvreté et la richesse

コモンズ

目次■カタツムリの知恵と脱成長——貧しさと豊かさについての変奏曲

プロローグ

# 世界をケアするために

「この世界は売り物ではない」
第４回世界社会フォーラム
（インド、ムンバイ、2004年１月、著者撮影）

## 1 グローバリゼーションの隘路を超えて

本書は私が非常勤講師を務めている国際基督教大学(ICU)の学部講義の中から、受講生の関心が高かったトピックを選出して書籍化したものである。

ICUでは数年前より、開発学入門(春学期)、平和研究(秋学期)、開発倫理学入門(冬学期)の三つの講座を担当してきた。これら三つの講座はそれぞれ独自のテーマと構成でつくられ、その内容は相互に連関している。年間を通して受講することで、開発とグローバリゼーションの構造的問題を理論的かつ歴史的な視座で理解できるように工夫している。近年、複雑化した世界の構造を学際的に研究するグローバル・スタディーズ(Global Studies)という学問分野がある。これらの講義も、その一部を担うものとして位置づけられるだろう。

私の学問研究は、構造主義以後のフランス現代思想や文学理論を政治経済学/開発学に応用するところから始まった。なかでも、セルジュ・ラトゥーシュの思想からは多大な影響を受けており、現在では経済や開発の問題を認識論の問題として研究している。前述した大学講義においても、開発やグローバリゼーションに関わるさまざまな事象の根底にある認識論的問題を洗い出し、現代人がそのような特定の物の見方を採用するに至ったプロセスを、思想史・文明論を組み合わせながら説明している。そして、講義内容が深まるにつれて、グローバル化した現代消費社会の構造的問題を根本から検討していくためには、認識論に加えて感性論（美学）の視点からも研究を進める必要があることがわかってきた。

現代文明を感性の領域に関わる問題として考えるようになったのは、直接的にはクロード・レヴィ＝ストロースや中村雄二郎の著作を通じてである。しかし、それだけではない。近年のヨーロッパの社会思想を調べているうちに、グローバリゼーションの諸問題を制度的次元だけでなく、感性論や情念論の視点から検討する研究が現れていることを知ったからだ。

なかでも、とくに注目するのは、イタリアの哲学者エレーナ・プルチーニの仕事である。彼女によると、二一世紀世界はグローバリゼーションが引き起こす二つの社会的病理によって引き裂かれている。(1) 一つ目の病理は、世界に対する無関心を貫く個人主義である。消費社会のグローバル化のもとで地球環境破壊は深刻化し、原発事故などの科学技術リスクは高まっている。いまや人類は、消費社会のシステムが引き起こすさまざまなリスクを是正していかねばならない。ところが、消費社会はこの現実に目を背け、無関心を貫くことをよしとする個人主義の土壌を育んできた。無関心の個人主義のもとで人間は消費者として生活することに満足し、世界に対する想像力や責任感覚を喪失している。

これと並行して現れるのが、閉鎖的で排他的な共同体主義という第二の社会的病理である。グローバリゼーションは国境を越えた人の移動や経済の規制緩和を推進し、雇用の不安定化、国民アイデンティティの流動化、国家安全保障の危機感を高める。だが、先進工業国の多くでは、社会的結合の不安定化の要因を文化的背景の異なる移民や難民に帰趨させるスケープゴートの論理が働いている。その結果出現するの

(1) Elena Pulcini, *La cura del mondo,: Paura e responsibilità nell'eta globale*, Bologna: Bollati Boringhieri, 2009.

が、文化的少数者の排除を通じて社会秩序を維持しようとする閉鎖的・排他的な共同体主義だ。この種の共同体主義はグローバル経済の構造的問題から目を逸らし、常に新たな排除の対象をつくり出して秩序維持を図ろうとする。そのため暴力の連鎖が絶え間なく続き、社会的分裂はますます深刻化していく。

プルチーニの議論の興味深い点は、グローバル化時代に現れたこれら二つの社会的病理の要因を経済的・社会的・政治的な諸制度ではなく、さらにその深層にある人間の情念（パッション）の働きに帰する点である。二つの社会的病理はともに、グローバル化時代の先進工業国の生活に潜む情念の回路の歪みを象徴する現象であるのだ。無責任な個人主義は、社会的・生態学的危機に対する無関心――つまり感性や想像力の欠如――を示している。他方で閉鎖的・排他的な共同体主義は、文化的背景の異なる他者に対する過剰なまでの恐怖心と、攻撃的なまでの憎悪が具体化されたものである。

したがって、二つの社会的病理から抜け出すためには、何よりも現代人の情念の回路を根本から転換しなければならない。世界に対する無関心でも他者に対する恐怖や憎悪でもない、第三の道が求められているのだ。プルチーニの言葉を借りれば、それは世界をケアする（la cura del mondo）道にほかならない。

## 2 世界をケアするローカリゼーション

私はこれまで、現代消費社会が直面している隘路を克服する道として、ローカリゼーションのさまざまな取り組みに注目してきた。その理由は、近年世界各地で展開しているローカリゼーションの運動が、まさに世界のケアというテーマを具現化しているからだ。

ローカリゼーションは、消費社会が破壊してきた社会関係や人間と自然の結びつきを再生する新たなコミュニティの構築を目指している。巨視的にみるとそれは、経済的繁栄のために生命を使い捨てにしてきた産業文明から、生命の維持更新を可能にする文明への移行（トランジション）を構想する運動として理解される。

市場経済のグローバリゼーションの神話は、今日なお強固に存在する。だが、ヨーロッパ・北米でも、ラテンアメリカでも、アジアでも、アフリカでも、生命のつながりをケアするローカリゼーションの思想と実践は確実に育ってきている。コロンビアの人類学者アルトゥロ・エスコバルの言葉を援用するならば、ローカリゼーションは、人間と他の生命とのつながりを分断してきた近代西洋の二元論的世界観を乗り越えて、人間の存在と生活をさまざまな生命の関係の網の目の中で捉える「関係中心の存在論（relational ontology）」に立脚した社会づくりを構想するのである。(2)

これらローカリゼーションの運動は、地域社会を表現し直す独創的かつ多彩な方法を編み出しているが、ある共通のテーマも分有している。それは、市場の権力とも国家の権力とも位相を異にする〈共〉（the common）の領域の再構築である。本書では、私が過去に研究したローカリゼーション運動を支える思

---

（2）Arturo Escobar, 'Sustainability: Design for the Pluriverse', *Development*, Vol.54, No.2, pp. 137-140. エスコバルのこの論文のエッセンスとなる議論は、拙編・訳、ジャン＝ルイ・ラヴィル、ホセ・ルイス・コラッジオ編『二一世紀の豊かさ――経済を変え、真の民主主義を創るために』（コモンズ、二〇一六年）の第1章でも確認できる。

想の水脈の一部を紹介しながら、これら多様な地域づくりの思潮がそれぞれの文脈でどのように〈共〉の再構築を模索しているかを検討する。

## 3 本書の構成

本書は、プロローグに続いて四つの章とエピローグで構成されている。最初の三つの章は、ＩＣＵ講義で扱っているトピックである。

第1章「カタツムリの知恵と脱成長」では、現代消費社会の根幹にある節度の感覚の欠如という問題に焦点を当て、その対案として自己制御の倫理を実践するさまざまなローカリゼーションの思潮を紹介している。カタツムリの知恵は自己制御の倫理のメタファーとして、繰り返し言及される。

第2章「〈貧しさ〉を問い直す――マジード・ラーネマの思想を訪ねて」では、二〇一五年に他界したイランの思想家マジード・ラーネマの著作を議論している。ラーネマは脱開発論の代表的論者であり、貧しさの意味を問い直す研究を残したことで知られる。本章では、彼の研究の軌跡を振り返ることで、現代消費社会に暮らすわたしたちの生活を、「関係の豊かさの忘却が引き起こした精神的な惨めさ」という視点から検討した。

第3章「精神の地域主義――セルジュ・ラトゥーシュの思想との出会い」は、個人的な体験に基づく論考である。この章では、私が一〇代のときに直面した経済に対する問いを探究する過程で、どのようにラトゥーシュの思想と出会ったかを解説している。また、その後の英国留学生活を経て現在に至るまでに、彼の脱成長論に対する理解がどのように深まり、現在どのような方向に研究を導こうとしているかを紹介している。この章はとくに、脱成長論や研究の道に関心をもつ学生に読んでほしい。私が日頃彼ら・彼女らに伝えたいメッセージは、すべて書き留めたつもりである。

第4章「生まれてくる生命《いのち》を支える社会を創る」は、二〇一一年の東日本大震災の直後に岩波書店の『世界』（二〇一一年五月号）に寄稿した論考である。私は三月一一日のまさにその日に京都から東京に引っ越したが、東京の大混乱を避けて、しばらく京都と東京を往復しながら日本社会について考えていた。当時の私は上関原発（山口県）建設計画に反対する祝島島民とそれを支える環境・文化運動についての論文を執筆しており、生命の流れをケアするという視座から新しい社会正義の理論を提案できないかと思案していた。(3) その延長上で執筆したのがこの論考である。それは私自身が今後も向き合わねばならないテーマである。初心を忘れないためにも、初の単著となる本書に収録することにした。

エピローグ「そしてスイミーになる――And Becoming Swimmy」は、ローカリゼーションの思想の水脈をたどる旅の終点であると同時に、未来へ向けた旅の始まりを記念する小論である。ここでは、ローカリゼーションの世界的な潮流をよりよく理解する認識枠組みを、レオ＝レオニの『スイミー』の有名な場面をモチーフに説明した。

---

（3）この論文は、「脱成長の正義論」というタイトルで『脱成長の道――分かち合いの社会を創る』（勝俣誠／マルク・アンベール編著、コモンズ、二〇一一年）に収録されている。

## 4 本書の想像力の源泉

本書制作にあたっては、ある芸術家の作品から多くのインスピレーションを受けた。その芸術家の名は絵本作家のレオ＝レオニである。このオランダ生まれの作家は、これまで『スイミー』『あおくんときいろちゃん』『じぶんだけの　いろ』など多くの絵本を描き、そのどれもが深いメッセージ性にあふれている。個性や異質性を認め合うことの大切さを説く彼の作品は、異文化に対する恐怖と憎悪が支配する現代世界において多くの人に読まれるべきものであることは間違いない。

なかでも私がインスピレーションを受けたのは、一九六九年の作品である『せかい　いち　おおきな　うち』である。この作品には、いまから三年ほど前、南ヨーロッパの脱成長論を大学講義や市民講座で紹介するのに適した素材を探していたときに出会った。カタツムリは脱成長のシンボルとして広く認知されている。そして、この物語はまさにカタツムリの世界を舞台に展開している。彼の作品に関する本を調べると、この作品はとくに社会風刺の目的で書かれたのではなく、むしろ「身軽な人生」を好む彼の個人的な人生哲学を表したものだという。それでも、制作された時代や物語の内容から、現代社会を批判的に考察するための寓意として読解し直すことは十分に可能である。第1章はこの物語を手引きとして、脱成長や関連するローカリゼーションの思想に通底する価値観を描いてみた。

本書では、その他の箇所でもレオ＝レオニの作品に対するオマージュとも言える表現がいくつか登場する。なぜなら私は、彼の特定の作品以上に、彼が残した次の言葉に大きな影響を受けているからだ。

「わたしは絵を描くのが大好きですが、それはものを見る方法を学んだからできることなんです。ものを見る、ということは、ものごとのなかにある意味を読み取ることです(4)」

私はこの数年間、彼の作品を通じて世界を見る方法を学んできた。彼の描く絵がかくも色彩豊かで想像力を刺激するのは、この世界を構成するものごとの意味が実に多様で豊かであるからだろう。本書で紹介するローカリゼーションの思潮が表現しようとしている〈共〉の世界もまた、彼の作品世界のような色彩豊かな世界である。世界をケアするとは、わたしたちの生命を包み込むこの世界を意味あるものとして、次の世代につないでいくことではないだろうか。そのためにも、この世界の存在そのものがもつ意味の豊かさを、経済至上主義の単一的思考(la pensée unique)から解き放たねばならないのである。

(4) 松岡希代子『レオ・レオーニ　希望の絵本をつくる人』美術出版社、二〇一三年、四〇ページ。

第1章

# カタツムリの知恵と脱成長

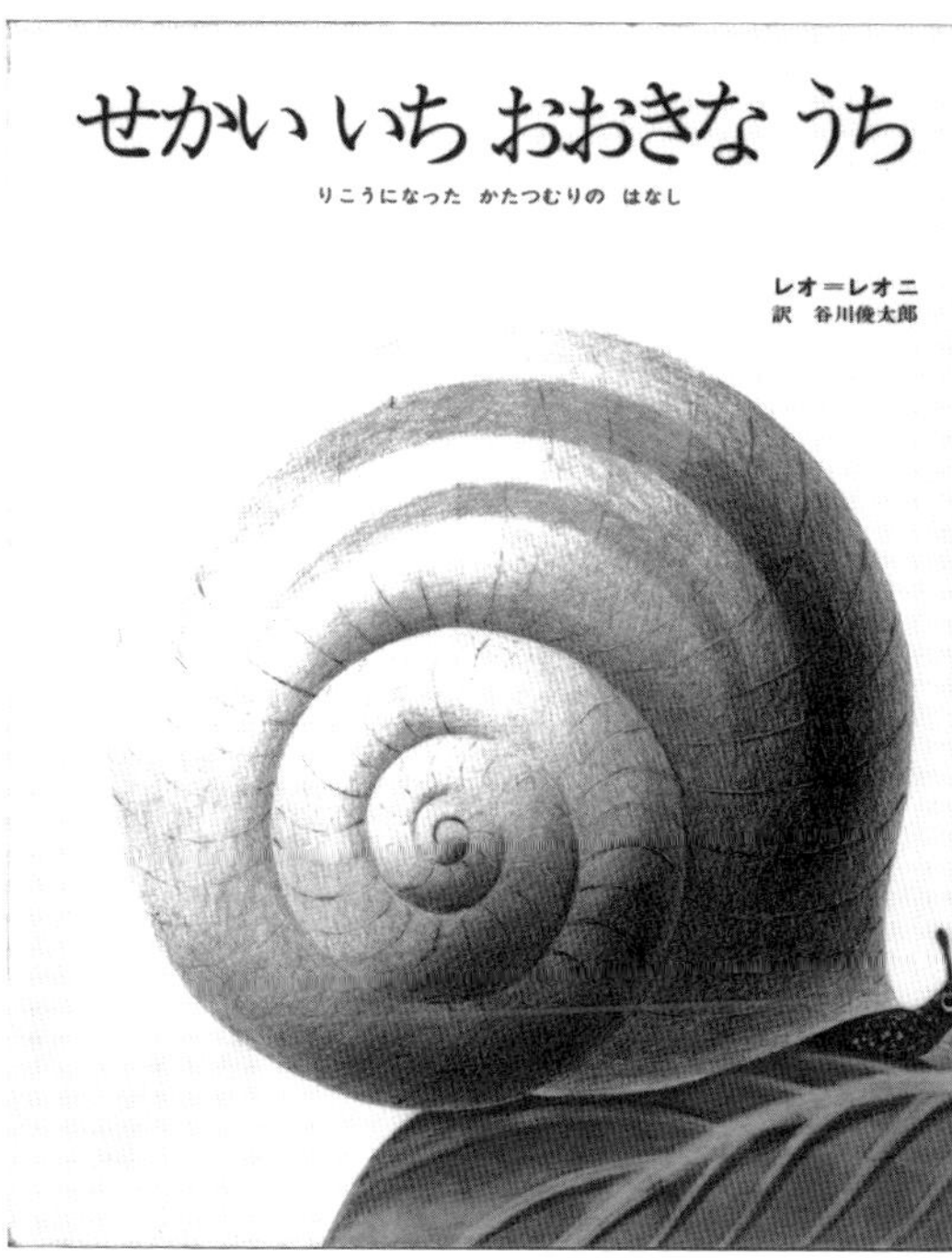


レオ＝レオニ『せかい いち おおきな うち』
（谷川俊太郎訳、好学社、1969年）

# 1 せかい　いち　おおきな　うち

イタリアの作家レオ＝レオニの作品に『せかい　いち　おおきな　うち――りこうになった　かたつむりの　はなし』という絵本がある。あるときキャベツ畑の中に生息するカタツムリの親子の間で、次のような会話が起こる。

ちびカタツムリはお父さんに、「ぼく　おとなに　なったら、せかいいち　おおきな　うちが　ほしいな」と言う。すると、キャベツ畑のカタツムリたちの中でもっとも賢かったお父さんは、次のような話を聞かせた。

「昔、お前と同じようなちびカタツムリが、『ぼく　おとなに　なったら、せかいいち　おおきな　うちが　ほしいな』と言いました。お父さんは『うどの　たいぼく。じゃまにならないように、うちは　かるく　しとくんだよ』と忠告しました。

でも、いいつけを守らなかったちびカタツムリは、キャベツの葉っぱの陰にかくれて、殻を大きくしようと、からだをのばしたり、ねじったり。やがて、ちびカタツムリの殻はメロンのように大きくなり、仲間のカタツムリたちからは、『たしかに　きみの　うちは　せかいいちだよ』と言われるようになりました。ちびカタツムリは、殻をもっと大きくし、さまざまな貝殻の飾りをくっつけ、きれいな模様を付け加えました。ちょうちょたちは『おとぎのお城みたい』とほめ、カエルたちは『バースデーケーキみたいなうちだ』と驚きました。

しかしある日、キャベツの葉っぱをすべて食べつくしたあとに、ちびカタツムリは困ってしまいました。自分のからだに乗っている殻があまりにも重すぎて、身動きが取れなくなったのです。仲間のカタツムリは別のキャベツへと引っ越しました。彼だけが取り残され、食べ物にありつけず、やせ細って、消えてしまいました。残された大きな殻は少しずつ壊れていき、最後には何も残りませんでした」

話が終わると、ちびカタツムリの目は涙でいっぱいだった。そして、自分が世界一大きな家を持ちたいと思ったことを反省し、「ちいさく　しとこう」と思ったのだ。月日は流れ、おとなになったちびカタツムリは、子どものときにお父さんから聞いたこの話を決して忘れなかった。誰かに「どうして　きみのうちは　そんなに　ちいさいの?」と尋ねられると、必ず「せかい　いち　おおきな　うち」の話を語ったという。

一九六〇年代末に創られたこの物語は、いま改めて読み直すと、経済成長中毒に陥った人類の悲劇を予言するかのような教育的な内容を含んでいる。頻繁に繰り返す経済・金融危機、格差拡大による相互扶助の社会関係の衰退、資源・エネルギーの浪費による地球環境破壊の悪化……。現代世界は消費社会のグローバル化に伴う重層的な生存の危機に直面している。なかでも、これらの危機は経済的に豊かな国である先進工業国で顕著に現れてきている。わたしたちはこの現実化した悪夢からどのようにして抜け出すことができるのか。本章では、カタツムリの知恵に学ぶいくつかのオルタナティブな地域づくりの理論を参考に、**豊かさ**[1]や発展の新しいかたちを模索してみたい。

---

（1）巻末のキーワード解説（一三一～一三九ページ）に取り上げた用語はゴシック体で表記した。

## 2 経済成長中毒の悲劇

### 経済成長に邁進した国際社会

第二次世界大戦後、国際社会は世界の経済的繁栄を目指して開発政策を行っていく。一国の経済規模を示す指標として**国内総生産（GDP）**という計算方法が発明され、社会の発展水準はもっぱらGDPの規模によって測定されるようになった。社会の進歩はGDPの増加率、つまり経済成長率によって示されるようになったのである。世界銀行に代表される国際開発機関の報告書では、GDPの規模によって国の発展水準のランク付けが行われ、「発展途上国」に分類された国は、少しでも「経済的に発展した国」に近づこうと、開発政策と経済競争に没頭した。

こうした経済中心の戦後の世界地図の中で、米国は経済的にもっとも豊かな国であった。第二次世界大戦直後の工業生産高は、世界全体の約五〇%を占めるまでに至り、ヨーロッパや日本が戦争の惨禍からの復興に時間を費やしている間に、一足早く消費社会に突入する。先端科学技術を産業に応用して新しい工業製品を大量に生産し、消費し、使い捨てるその生活様式は、強い経済力に支えられた自由な社会のイメージとともに「米国的生活」として世界に認知され、多くの人びとの憧れるところとなった。世界の国々は、多かれ少なかれ、米国的な消費社会に到達すべく、経済開発に邁進していったのである。

第二次世界大戦後の国際社会は、まさしく、「せかい いち おおきな うち」をもちたいと思ったたちびカタツムリのように、より大きな経済的繁栄を目指して消費社会の道を選んだ。「もっと生産し、もっと消費し、もっと経済を大きくしよう」と経済成長に邁進していった。米国的な消費社会は、物質的に豊かであることが良い生活だという価値観の上に成り立っている。

そのような価値観に立脚する社会では、テレビの宣伝広告などのさまざまなマーケティング戦略によって「豊かな生活」のイメージがつくり出される。各人はこれらのイメージに少しでも近づこうと消費欲を駆り立てられるのだが、消費するためにはお金を稼ぐ必要がある。そして、もっと消費するために、もっと働かなければならなくなる。このようにして、経済的な価値と原理は消費社会に暮らす人間の生活の大部分を支配するようになり、人間はあたかも近代経済学の中心仮説である「合理的経済人（ホモ・エコノミクス）」として日々の行動や選択を迫られるようになるのである。

しかし、経済をもっと大きく成長させようという理想は、いつまでも続かない。消費社会がグローバル化するにしたがって、人類社会は物質的に豊かになる反面、社会の再生産を維持できないようなさまざまな問題に直面してきた。

**社会的次元——関係性の貧困の深刻化**

一つ目の問題は、社会的次元で起こっている。欧米・日本などの経済的に豊かな社会では、第二次世界大戦後の経済発展の過程で、**「関係性の貧困（relational poverty）」**という問題に直面している。(2)

（2）ステファーノ・バルトリーニ『幸せのマニフェスト——消費社会から関係の豊かな社会へ』中野佳裕訳・解説、コモンズ、二〇一八年。

人類の歴史をみると、人間の生活は、ボランティア活動、助け合い、おすそ分け、コミュニティのなかでのお金の融通（たとえば頼母子講《たのもしこう》）など、地域コミュニティの多様な相互扶助の社会関係によって支えられてきた。社会学・人類学分野でしばしば議論されるように、これら相互扶助の社会関係は人間にとっての第一次の社会性であり、個人の契約関係に基づく市場経済活動は、その上に成立する第二次の社会性にすぎない。

しかし、戦後の高度経済成長期に先進工業国では急激な都市化と核家族化とともに生活の個人化が進み、さらに経済競争に伴う格差の拡大によって、コミュニティを支えてきた社会関係が崩壊している。いまや各人の生活は消費のシステムに依存し、余暇の娯楽も生活に必要な基本的サービスもお金で購入しなければならない。また、低所得者層や貧困層は従来であれば地域コミュニティのさまざまな相互扶助の社会関係に支えられていたが、現在はそうした支援を受けられず、生活に困窮することになる。

このような関係性の貧困がもっとも深刻なのが、世界で一人あたりGDPがもっとも高い米国である。米国における地域コミュニティの社会関係の崩壊を**「社会関係資本（social capital）」**の分析を通じて明らかにしたのは、米国の政治学者ロバート・パットナムだ。彼は『孤独なボウリング』で、米国社会において地域コミュニティの社会的つながりがもっとも強かった一九五〇年代と六〇年代は、富や所得の分配の平等が実現していた時代であると説明している。(3) ところがその後、米国では不平等が拡大し、社会関係資本も崩壊していった。その結果生じたのは、さまざまな社会的不安の台頭である。

パットナムの議論を援用しながら、英国の経済学者リチャード・ウィルキンソンと公衆衛生学者ケイト・ピケットは、米国では社会関係資本の衰退と不平等の拡大にともない、大学生の将来に対する不安、健康状態の悪化、他人に対する信頼の低下、犯罪率の増加が起こっていると、詳細な統計データに基づき分析している。(4) 経済競争の激化による不平等の拡大は、社会の再生産に不可欠な社会関係の衰退と生活の質の低下を引き起こしているのである。

そして、イタリアの経済学者ステファーノ・バルトリーニは、こうした関係性の貧困は、多かれ少なかれ、先進国と呼ばれる欧米諸国や日本に顕著に現れてきていると説明する。そのうえで彼は、GDPを中心に社会の発展水準や豊かさを測る経済学の主流の考え方を問題視すると同時に、「米国はヨーロッパ社会が目指すべきモデルではない」と、戦後の国際社会の価値体系を根本から覆す診断を下している。(5)

## 生態学的次元――地球環境破壊の悪化

もう一つの社会の再生産の危機は、生態学的次元で起こっている。一九六〇年代ごろから先進工業国は、経済発展の「生態学的な臨界点」に直面する。有害な化学物質を産業廃棄物とともに自然界に大量に排出する工業システムは、地域の自然環境を汚染し、水俣病や四日市喘息に代表される深刻な公害事件を引き起こした。また、現在の産業モデルは化石燃料などの再生不可能な資源の大量消費に依存している

---

(3) ロバート・D・パットナム『孤独なボウリング――米国コミュニティの崩壊と再生』柴内康文訳、柏書房、二〇〇六年。
(4) リチャード・ウィルキンソン／ケイト・ピケット『平等社会――経済成長に代わる、次の目標』酒井泰介訳、東洋経済新報社、二〇一〇年。
(5) Bartolini, *op.cit.*

が、一九七〇年代に入ると地球資源の枯渇が危惧されるようになった。さらに、大量の化石燃料を利用する過程で排出される二酸化炭素が大気中に蓄積されることによって、急激な気候変動とそれに伴う地球生態系の破壊が引き起こされている。今日、地球上の生物多様性の喪失は、地球の生命の歴史上類例をみない速度で進行中である。

このような時代状況の中で、近年、一部の地質学者や生物学者によって「人新世（アントロポセン）」という新しい時代区分が導入されるようにもなった。人新世（アントロポセン）とは完新世（ホロセーン）に続く地質学上の新しい時代区分で、人間の活動が生物圏のシステムを大きく変更するまでに影響を及ぼすに至った時代を指す。

この新しい時代区分の正確な期間についてはいまだに学者の間で意見が分かれており、一八世紀なかばのワットの蒸気機関の発明から現代までと定義する学者もいれば、石炭を産業活動に本格的に使用し始めた一八六〇年代以降から現代までと定義する学者や、石油依存と二酸化炭素排出量が世界規模で急増した一九五〇年代以降から現代までと定義する学者もいる。こうした微妙な差異は存在するにせよ、この新しい時代区分を提唱する科学者のすべてが、産業革命以後の人間の経済活動が地球生態系の均衡を大きく変容させているという認識で一致している。

産業文明の地球規模での生態学的負荷に関して総合的な科学的研究を行ったのは、デニス・メドウズやドネラ・メドウズなどのローマ・クラブの研究者たちであった。彼らは一九七二年に『成長の限界』という調査報告書を発表し、大量の再生不可能なエネルギー資源を利用する産業文明は持続不可能であり、二一世紀には資源枯渇による文明崩壊の危機に直面すると警鐘を鳴らした。(6) その後に刊行された改訂版においても、メドウズらは一貫して、工業的経済に依拠する産業文明の「行き過ぎた発展」が地球の生態学的限界を飛び越えてしまう危険を指摘(7)。先進工業国が大量生産・大量消費の生活様式から抜け出して、より安定的な均衡点に向かって文明の転換を図るシナリオを提案した。

彼らの研究は当時センセーショナルに受けとめられたものの、メインストリームの経済学者から悲観主義的な文明論として批判を受け、一九八〇年代から九〇年代にかけて経済発展をめぐる議論の中では周辺化されていた。しかし、二〇〇〇年代に入ると地質学や地球科学の最新の研究の多くが『成長の限界』の分析の正しさを認めることになる(8)。二〇一二年の夏に、フランスの経済誌のインタビューを受けたデニス・メドウズは次のように答えている(9)。

「『成長の限界』を出版した一九七二年当時、わたしたちは文明崩壊のシナリオと安定的均衡のシナリオを提案したのですが、振り返ると人類は文明崩壊のシナリオをたどっており、安定的均衡に至るのは困難な状況になっています」

---

（6）ドネラ・H・メドウズ／デニス・L・メドウズほか『成長の限界――ローマ・クラブ「人類の危機」レポート』大来佐武郎監訳、ダイヤモンド社、一九七二年。

（7）ドネラ・H・メドウズ／デニス・L・メドウズほか『限界を超えて』茅陽一監訳、ダイヤモンド社、一九九二年、ドネラ・H・メドウズ／デニス・L・メドウズほか『成長の限界　人類の選択』枝広淳子訳、ダイヤモンド社、二〇〇五年。

（8）『成長の限界』の妥当性をめぐる論争の歴史については、Richard Heinberg, *The End of Growth: Adapting to Our New Economic Reality*, Canada, New Society Publishers, 2011 に詳しく述べられている。

（9）Denis Meadows,《Les obstacles sociaux et culturels freinent le changement》, *Alternatives Economiques*, juillet-août, 2012, No. 315, pp. 88-90.

彼はまた、その原因は技術的問題にあるのかと問われ、はっきりと「否」と答えている。「先進工業国は量的な経済成長から諸個人の質的成長へと移行する必要性を理解する必要があります。［…］技術的問題は解決しています。むしろ、先進工業国の文化的・社会的障壁が変革を妨げているのです」

有限の地球の上で経済を無限に成長させていこうという消費社会の価値観そのものが、人類の生存の危機を生み出しているのである。

自分の殻を世界一大きくしていこうとした絵本の中のちびカタツムリのように、二〇世紀後半の人類は、歴史上類を見ないほどに経済の規模を拡大成長させていった。もっと生産し、もっと働き、もっと消費し、もっとお金を稼いで、誰よりも豊かになろう――経済的繁栄を目指す消費社会は、諸個人を経済競争に駆り立てて、自然資源を浪費し、自由時間を犠牲にし、ＧＤＰという「殻」を大きくし、消費社会がつくり出すさまざまな商品と宣伝広告で、その殻を派手に彩っていった。しかし、そのような経済成長中毒の社会は、関係性の貧困を生み出し、地球環境破壊を生み出した。経済的に豊かな国に生きる人間は、社会的次元から見ても、生態学的次元から見ても、その生活基盤を持続的に再生産する基本的能力を失いつつある。

肥大化した殻の重みに耐えられずに自滅したちびカタツムリのように、人類も自らの経済システムが引き起こした社会的危機と生態学的危機によって自滅の道をたどろうとしている。ただし、一つだけ大きく異なる点がある。それは、ちびカタツムリの悲劇が架空の物語であったのに対して、人類の悲劇は避けられない厳しい現実として眼前に迫っているということだ。この現実から目をそらすことなく、社会的にも生態学的にも道理に適った生活のあり方を模索することが、二一世紀の人類、とくに先進工業国に生きる人間の責任ではないだろうか。

## ３ カタツムリの知恵に学ぶ――ローカリゼーションと脱成長という選択肢

### 自己制御の倫理の再生

「地球はすべての人びとの必要を満たすのに十分なものを提供しますが、すべての貪欲を満たすほどのものは提供しません」

二〇世紀の偉大な思想家マハトマ・ガンディーはこのような言葉を遺している。彼の生きた時代、消費社会は米国においてもその真実の姿を現していなかったし、地球規模の環境破壊の兆候もまだ現れていなかった。だが、英国の帝国主義に反対する非暴力の闘争を指導していたガンディーは、人間の物欲を無節制に解放する産業文明の危険な末路を見通していたのだ。

彼は、非西洋諸国の伝統文化と生業を破壊し、労働の現場から人間性を奪い、地球資源を浪費する資本主義市場経済を非難した。この非暴力の平和主義者にとって、豊かな社会とは、より多くの富や商品に満たされる社会ではなく、社会に暮らす民衆一人ひとりの自由と自治が実現する条件を成熟させることにほかならない。それゆえ彼は、英国の植民地主義に虐げられた民衆一人ひとりの潜在能力を引き出す学び(ナイ・タリーム)を提唱し、その手段として伝統的な手紡ぎの糸車(**チャルカー**)の普及を通じた貧困層の経済的自立を推進した[10]。そして、盲目的な近代化・工業化の道と距離を置き、インドに存在する七〇万の村落共同体の自立と自治を可能にする「**身の丈の経済**」を提唱したのである[11]。彼は、身の丈に合った生活を勧めるカタツムリの知恵を体現する思想家だった。

E・F・シューマッハー、ニコラス・ジョージェスク＝レーゲン、イヴァン・イリイチ、コルネリウス・カストリアディス、アンドレ・ゴルツ、ヴァンダナ・シヴァ――ガンディーと同様に、消費社会のグローバル化の危険な結末に警鐘を鳴らし続けた思想家は、二〇世紀に多く存在する。これらの思想家はみな、人間の能力の有限性を認め、人間のコントロールの範囲を超えて肥大化した科学技術と経済システムの暴走がもたらす文明崩壊のシナリオを回避するため、**自己制御（自制）の倫理**の再生を提唱した。

カタツムリの知恵にも通じるこれら産業文明批判の思想的土壌と共振するように、世界各地の市民社会からも経済成長主義と消費社会を問い直す多くの議論と実践が展開されている。たとえば、エコロジー運動、エコ・フェミニズム運動、オルタナティブ・テクノロジー運動、コミュニティ・ディヴェロップメント運動、社会的協同組合運動、倫理的消費運動、有機農業運動、パーマ・カルチャー、アグロエコロジー、スローフード運動、トランジション・タウン運動などがある。

こうした多様な市民運動は、世界を単一の市場経済原理で均質化しようとするグローバリゼーションの思想と距離を置き、地域における文化の多様性や生物の多様性を尊重する。そして、多様な人びとが協力し合って地域の生存基盤を維持できるような、身の丈に合った技術と経済を育む「**ローカリゼーション**」を提唱している。

ローカリゼーションは、消費社会に内在する人間の生存に対する暴力を克服する道でもある。高度経済成長期の日本に起こったさまざまな公害事件に対する反省から、**「地域主義」**と呼ばれる独自の理論を提案した経済学者の玉野井芳郎は、地域に根差した身の丈に合った生活を送ることの意義を次のように述べる。

「ところで私は、かねてから社会といい国家といい、これには人間にふさわしい規模の生活空間、等身大の生活空間があるのではないか。それが地域という言葉でいいかえられるのではないか、というふうに考えています。〔…〕その地域においてはじめて生命が維持更新されるのではないか。したがって地域の平和には、命を守る平和というようなものが平和の中身をなすのではないか、と考えるのです(12)」

人間が生きていくためにはそれにふさわしい規模の生活空間が必要であり、それを玉野井は「地域」と呼ぶ。そのような地域はどのような場所かというと、経済活動だけを行う場ではない。それは人間の具体的で多様な生が営まれる場である。地域は生まれてきた生命を迎え入れ、さまざまな個性と能力をもった生命が共に生き、そして一生を終えた生命を送り出す空間でもある。だからこそ玉野井は、生命が維持更新される場所として地域を捉え、そのような地域が平和であるためには、その根本に命を守る平和という

(10) ガンディーの教育論とチャルカーを使った経済的自立の運動の関係については、マジード・ラーネマとジョン・ロベールの共著『貧しき者たちの力能』(未邦訳)(Majid Rahnema et Jean Robert, *La puissance des pauvres*, Paris : Acte Sud, 2008)に詳しく説明されている。
(11) ガンディーの身の丈の経済論については、石井一也『身の丈の経済論――ガンディー思想とその系譜』(法政大学出版局、二〇一四年)を参照されたい。
(12) 玉野井芳郎『科学文明の負荷――等身大の生活世界の発見』論創社、一九八五年、一〇五ページ。

価値が存在しなければならないと主張した。

玉野井の思想にもカタツムリの知恵が脈々と受け継がれている。生命の維持更新が可能となるには、身の丈に合った生活空間を構築する必要がある。玉野井の地域主義には、経済成長の道をひたすら走ってきた戦後日本が生み出した、公害事件という生命破壊現象に対する深い反省が見出される。

## 消費社会の価値規範の問い直し

玉野井の問題提起から数十年が経過した現在、消費社会のグローバル化はその勢いを止めることなく地球全体を覆い尽くそうとしている。あらゆる生命が商品化の圧力に晒されている現在、世界各地で展開しているローカリゼーションの実践は、カタツムリの知恵に学び、生命の維持更新を可能にする等身大の生活空間の再生に向けて取り組んでいる。

たとえば、一九八六年にイタリア北西部ピエモンテ州の小さな村ブラで始まったスローフード運動は、食料生産の工業化とファストフードによって均質化する食文化に対抗し、地域社会の多様な食文化とそれを支える風土、自然生態系、伝統的農畜産業と料理の知恵を守る活動である。食という人間の身体とアイデンティティの形成にとってもっとも基本的な営みの文化的意味を問い直し、食べるという行為を支える地域の重層的な関係性を再評価・再構築していく。スローフード運動は一九八九年以降に国際的なネットワークに発展したが、この運動のシンボルとなっているのがカタツムリである。効率性やスピードを重視する現代消費社会の価値規範を問い直し、カタツムリのように生活のテンポを緩めて地域の食文化を支えるさまざまなつながりを見直そうとする身振りが、そこにはうかがえる。

二〇〇〇年代に入りスローフード運動は、テッラ・マードレ（Terra Madre＝「母なる地球」の意）という小規模食料生産者のグローバルなネットワークの形成へと進化した。食の工業化とアグリビジネスのグローバル化の圧力のもとで、小規模食料生産者の役割は過小評価され、忘却の危機に晒されている。そのような逆風に抵抗し、テッラ・マードレは、世界各地の食文化と生態系を守る農民や漁民の存在意義を再確認する。そして、彼ら・彼女らの声を世界に響かせるための「出会いの場」として機能している。イタリアでは二〇〇四年から二年に一度テッラ・マードレの国際会議が開催され、地球のあらゆる大陸から小規模農家・漁民が参加してきた。スローフード運動の創始者であるカルロ・ペトリーニは、二〇〇八年一〇月に開催された第三回国際会議の基調講演で次のように述べている。

「農民たちの取り組みはすべて、地域（ローカル）に根差して働くという点で共通しています。地域は、参加型民主主義が実現する場所です。今日、世界中で、参加型民主主義を求める声が高まっています。ローカルなレベルでは、すべての人が能動的な主体となり、何らかの役割を担うことが可能です。さらに地域では、生物多様性や農業に必要不可欠な資源が守られます。地域に伝統的な種子は、小規模農業の重要な基盤です。また地域では、社会関係が育まれます(13)」

　抑制を欠いたグローバル資本主義が地球の資源を貪り、食文化の均質化と工業化を推進する中で、テッラ・マードレは小規模食料生産者の国際的な連帯運動を通じて、地球と調和した地域社会のリデザインを模索する。その根底にある哲学は、かつてガンディーが語ったように、地球と人間の生活との調和である。

（13） Carlo Petrini, *Terra Madre: Come non farci mangiare dal cibo*, Italia: Giunti Editore, 2010, p. 10.

「人間は、母なる地球（Terra Madre）と和解する必要があります。それを可能にするのは、あなたたち若い世代です[14]」

基調講演を締めくくるペトリーニの言葉には、カタツムリの知恵がみごとに集約されている。

南ヨーロッパでは、スローフード運動以外にも、消費社会から脱出する地域づくりを進める多様な市民運動がある。たとえば、フランス、イタリア、スペインなどでは、協同組合、非営利組織（NPO）、市民のアソシエーションが多く存在する。これら市民社会のさまざまな組織は、ホームレスの支援、失業者の就労トレーニング、移民の識字教育、連帯的なファイナンス[15]、自然エネルギーの推進、循環型経済への取り組みなど、消費社会が構造的に引き起こした社会的排除や環境破壊を是正するための活動を行っている。こうしたオルタナティブな経済活動は連帯経済と呼ばれ、そのネットワークは世界各地に広がる。連帯経済は、企業の利潤追求を中心に動く経済ではなく、民主主義・社会的公正さ・持続可能性などの社会的価値の実現を可能にする経済システムをそれぞれの地域で構築することを目指している。

英国発のトランジション・タウンという新しい取り組みもある。二〇〇六年に英国のパーマ・カルチャーの実践家であるロブ・ホプキンスによって始められたこの運動は、近い将来やってくる石油枯渇を見据え、化石燃料に依存しない地域づくりを目指す[16]。それぞれの地域で関心のある住民たちとグループをつくり、消費社会の限界やオルタナティブな生活についてタウン・ミーティングを行い、脱化石燃料社会へ向けたさまざまな活動を行っている。

たとえば、英国のデヴォン州トットネスやサセックス州ルイスでは、住民たちによって太陽光パネルが設置された。ウエストヨークシャー州スレイスウェイトでは、地元住民の共同出資で創られた社会的企業によってベーカリーとカフェが設立された。また、南ロンドンのブリクストンでは携帯電話を使って決済可能な独自の電子地域通貨が導入され、地元の商店街にお金を循環させる経済の仕組みがつくられている。現在、トランジション・タウンはヨーロッパ、北米、オセアニア、ラテンアメリカ、日本など世界各地に広がっており、二〇一七年九月の時点で確認された実践は約八三〇に及ぶ(17)。

## 脱成長社会へのプログラム

フランスの思想家セルジュ・ラトゥーシュは、このようなローカリゼーションの取り組みの中から創出される未来社会を「脱成長社会(la société de décroissance)」と呼んでいる。**脱成長**は、経済成長を盲目的に信仰する現代消費社会の価値規範そのものを問い直し、「経済成長優先社会の中で否定された生活を肯定していく道」を模索することを意味する(18)。

(14) *ibid.*, p. 13.
(15) 南ヨーロッパでは、貧困層や障がい者の社会的自立や自然エネルギー事業など、社会的目的をもった経済活動に融資する協同組合銀行や金融ＮＰＯの総体を「連帯的なファイナンス」と呼ぶ。
(16) トランジション・タウンの基本的考え方については、ロブ・ホプキンス『トランジション・ハンドブック——地域レジリエンスで脱石油社会へ』(城川桂子訳、第三書館、二〇一三年)を参照されたい。
(17) この数字はトランジションタウン公式サイト(www.transitionnetwork.org)に登録されている活動の総数である。ウェブサイトでも指摘されているように、公式登録されていない活動も数多く存在する(最終閲覧日二〇一七年九月二五日)。
(18) セルジュ・ラトゥーシュ『〈脱成長〉は、世界を変えられるか？——贈与・幸福・自律の新たな社会へ』中野佳裕訳、作品社、二〇一三年、二二三ページ。

図1　脱成長の八つの再生プログラム

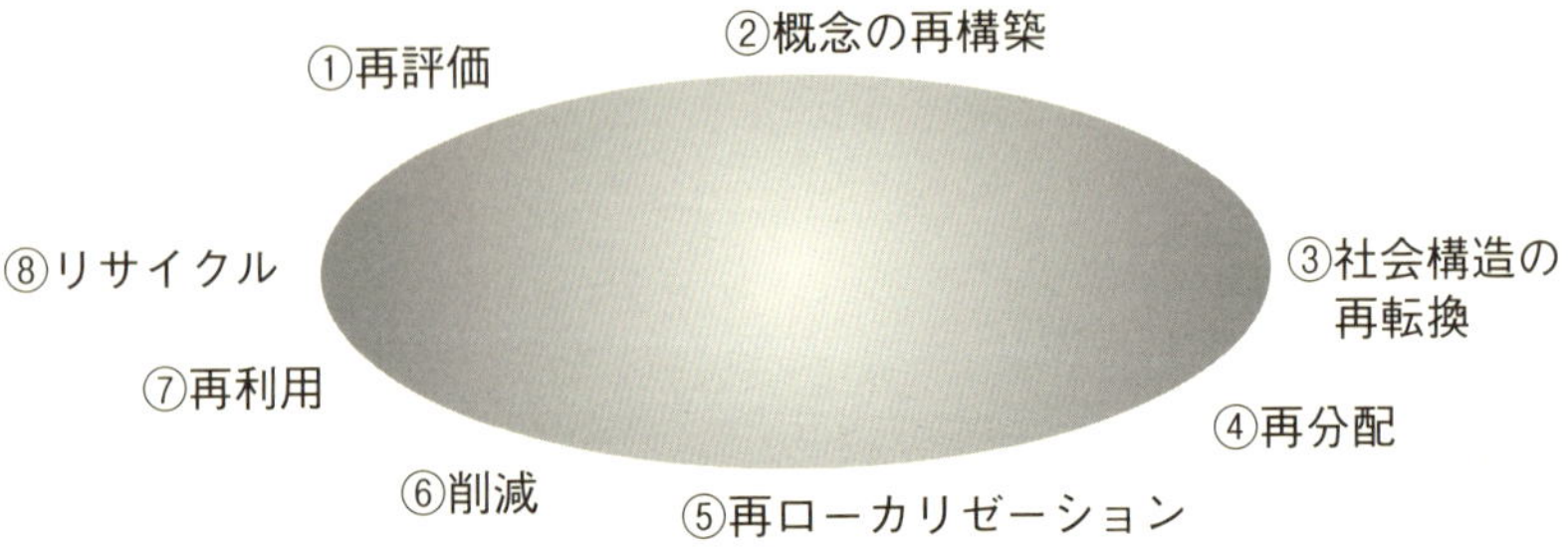


(注)セルジュ・ラトゥーシュ『経済成長なき社会発展は可能か？』第２部第２章をもとに、筆者が作成。

すでに述べたように、消費社会は「もっと生産し、もっと消費し、経済の規模をもっと大きくする」ことを追求し、その過程で人間社会の持続的な再生産に不可欠な関係性、なかでも地域における人間同士の連帯と人間と自然との共生という二つの重要な関係性を破壊してきた。消費社会が壊したこれら二つの関係性の修復あるいは再創造は、現在世界各地で実践されているローカリゼーションの重要な課題である。

ラトゥーシュが提案する「脱成長の八つの再生プログラム」(**図１**)では、ローカリゼーションが取り組むべき関係性の再生作業を次の八つの段階で説明している[19]。

①これまでとは異なる物差しで地域の潜在能力を見つめ直す(「再評価」)

②新しい概念で地域の未来を構想する(「概念の再構築」)

③新たに構想された社会の価値に基づいて社会構造や社会関係を転換する(「社会構造の再転換」)

④公正な社会をつくるために再分配を行う(「再分配」)

⑤経済活動を地域に根差して行い、地域のガバナンス能力を高めていく(「再ローカリゼーション」)

⑥エコロジカル・フットプリントや不平等など、自然環境や社会関係に対する負荷を削減する（「削減」）
⑦地域の人材や資源を再利用する（「再利用」）
⑧次世代に持続可能な生存基盤を残していく（「リサイクル」）

脱成長社会へ向かうプロセスとは、これら八つの実践が有機的に結合することで、地域の社会関係や自然とのつながりを再生していくさまざまな実践の総体を指す。なかでも重要なのが、①の再評価の実践である。ラトゥーシュは、「物事がこれまでとは異なる形になるためには、そして真に独創的で斬新な解決を構想するためには、物事をこれまでとは違った方法で見つめることから始めなければならない」と述べている(20)。

地域における分かち合いの人間関係を再生するにも、自然とのつながりを再生するにも、それら多様な関係性を経済的な効率性とは別の観点から積極的に評価していく必要がある。そのために、人間の生活の多面性と深みを実際の生活の中から再発見し、それらを新しいコトバで表現していく活動がもっとも大切なのである。

スローフード運動、連帯経済、トランジション・タウン運動など、脱成長の理念と共振するローカリゼーションの実践は多く存在する。これらの実践に共通するのは、単なる経済活動ではなく、生活の意味を

(19) セルジュ・ラトゥーシュ『経済成長なき社会発展は可能か？――〈脱成長〉と〈ポスト開発〉の経済学』（中野佳裕訳、作品社、二〇一〇年）の第Ⅱ部第2章を参照。
(20) 前掲(18)、一二三ページ。

再発見し、生活の形をデザインし直す表現活動でもあるということだ。

脱成長社会は、これら地域に根差した実践の中からつむぎだされる新しいコトバや新しい価値をつなぎ合わせることで、少しずつ形になっていくだろう。それは、カタツムリの歩みのようにゆっくりとしたものであるかもしれない。しかし、他の人間や自然と共に生きることの大切さを理解し、そのような生活を喜びのあるものにデザインしていくには、生活の速度を緩め、感覚を解放し、隣人との対話や自然との触れ合いの中から生活のルーツを再創造していくことが、遠回りに見えても確実な道なのではないだろうか。

消費社会は人間を合理的経済人に還元し、わたしたちの感覚世界を一面的なものに変えてしまった。現代消費社会で社会関係にさまざまな綻びが生じているのも、地球環境破壊の悪化に歯止めがかからないのも、人間の生活を支えるさまざまな関係性に対する感性がわたしたちの身体から失われてしまっているからではないだろうか。

現在、世界中で始まっている等身大の生活空間を再構築する活動は、わたしたちの感覚世界の変革を通じた人間と世界の調和を可能にするアート（技法）の構想を目指している。わたしたちは打算的な経済人ではなく、世界とのつながりを再生する表現的な人間に生まれ変わらなければならない。世界のさまざまなローカリゼーションの実践と脱成長という新しい社会的目標は、政治・経済・科学・技術の体制変革よりも深遠で大切な、感性の体制（レジーム）の変革を示唆しているのである。

## 4 みんなで語ろう

危機が刻一刻と迫っている。わたしたちが背負っている殻はとてつもなく大きく、それが完全に壊れてしまったときの惨禍は、想像を絶するものである。

このような時代に持続可能な世界をつくるために、わたしたちはカタツムリの知恵について、もっと多くの人と語っていかねばならない。わたしたちは、学校で、家で、カフェで、友人たちや家族と一緒に、昔キャベツ畑の中であったカタツムリの親子の物語について語り合い、その物語を残したある一人の作家の想いが何だったのか、考えていかねばならないだろう。カタツムリの知恵を実践していった多くの偉人や同時代人を再発見し、彼らについて知り、学んでいく必要がある。そして、企業家や政治家に語りかけ、カタツムリの知恵を実践する社会を多くの人びとと共に創っていこう。豊かさの転換は、カタツムリの知恵がわたしたちの想像力を刺激するかぎり、可能なのだ。

『持続可能な生き方をデザインしよう――世界・宇宙・未来を通して今を生きる意味を考えるＥＳＤ実践学』（高野雅夫編著、明石書店、二〇一七年）所収の拙稿「豊かさを変える――カタツムリの知恵と脱成長」に加筆修正。

# 舞台装置としての連帯経済

## ――共に生きる世界を演出するために

「グラチアーノ、私にとって世間とはそういうもの。つまり、舞台さ。そこでは誰もが何かの役を演じなければならない」

『ヴェニスの商人』の第一幕でシェイクスピアがアントニオに言わせたこの有名な台詞は、数百年の時空を超えて、わたしたちの暮らしの舞台である現代世界の骨組みを浮き彫りにさせる。

この戯曲で描かれている一六世紀末のヴェニスは、当時、地中海ヨーロッパを中心に勃興していた商人資本主義の中心地であった。ヨーロッパ型資本主義の中心軸は、やがて、北西ヨーロッパへ移動し、一八世紀なかばに英国で起こった産業革命を契機に巨大な産業文明が世界に普及していくことになる。この数百年にわたる資本主義の発展とともに、近代世界という大舞台がつくられた。物質的に豊かな文明を築くための活動に全人類が参加していけば、戦争や貧困・飢餓の恐怖が回避され平和が実現する、という近代特有の「経済発展の物語」とともに……。

経済発展の物語の主役は合理的経済人である。産業革命以来、多くの人がこの空想上の人物を演じ、経済発展の物語を現在から未来へと進めてきた。そして二〇世紀後半に誕生した消費社会は、合理的経済人の欲望を解放する新たな場面(シーン)を提供するに至った。その結果、何が起こったか。

自然界や人間社会の豊かな関係性からなる世界は、この空想上の主人公の活動舞台である市場経済によって侵食され、いまや私たちの生活のあらゆる場面が市場の論理に組み込まれてしまった。社会の統治を市場原理に任せた結果、経済競争に敗れた多くの人びとが生存権の剥奪を被り、エネルギー・資源多消費型の生活様式のグローバル化が、地球環境破壊を引き起こす。人類の生存を保障する手段であるはずの経済が、いまや私たちの暮らしの舞台であるこの世界を根本から破壊している。

連帯経済は、生活の野放図な市場経済化に歯止めをかけ、経済をより共生的なものに変えていく運動として現れた。その含意するところは、経済活動は利潤追求を目的とするのではなく、多様な人間が共に生きる世界を演出する舞台装置の役割を果たすべきである、ということだろう。つまり、経済を公共性に資する活動へと転換していくための触媒として連帯経済は存在するのだ。

わたしたちが連帯経済の名のもとで語らねばならないのは、公正さや人間の尊厳といった倫理や、生活をデザインする想像力や創造性など、経済学の範疇には収まらない人間の関係性と潜在能力の豊かさについてである。現代日本において共生の作法をいかにして開花させるか——これこそが、連帯経済をとおして取り組まねばならない課題ではないだろうか。

初出：『オルタ』二〇一四年五月号、アジア太平洋資料センター。

第２章

# 〈貧しさ〉を問い直す

## マジード・ラーネマの思想を訪ねて

マジード・ラーネマの主著（フランス語、英語、著者撮影）（左）、第３回世界社会フォーラムにおける水の民営化に反対するパフォーマンス（右上）と先住民族の権利を求めるデモ（右下）（ブラジル、ポルト・アレグレ、2003年１月、著者撮影）

「これまでとは異なる形でものごとを考えるときがやってきました。貧しき者たちに固有の生活倫理、つまりジル・ドゥルーズが「マイノリティになること(devenirs minoritaires)」と呼んだ実践には、多くの学ぶべき点があります。これらの生成の場所とその成熟の可能性を再考すること、そして何度も否定されてきたこれらの可能性をとおして、わたしたちが囚われている悲劇と行き詰まりの深い原因を、いますぐ研究しなければなりません(1)」

「多くの文化では、貧しい人とは普通の人(l'homme commun)、つつましい人(l'humble)のことであり、そのような人の集まりが人間のコモンズをつくっていました。貧しさは生活の様式や生きる技法と不可分なのです(2)」

——マジード・ラーネマ

## 1 ラーネマの歩み

二〇一五年四月にイランの偉大な思想家がこの世を去った。彼の名はマジード・ラーネマ。脱開発論の中心人物として国際的に有名な思想家である。彼が残した最大の知的遺産は、貧しさの意味を問い直したことだった。近代産業文明が追求してきた豊かさを、その対概念である貧しさの再検討を通じて逆照射してみせた彼の学術活動は、グローバル資本主義経済から排除された民衆の自立の道を照らし出すことにも貢献した。彼の独創的な研究の数々は、今日世界中で展開しているローカリゼーション運動の基本テーマとも共振する。いまからラーネマの晩年の著作の読解をとおして、その思想の現代的意義を検討しよう。

マジード・ラーネマは一九二四年、テヘランの裕福な家庭に生まれる。経済的に不自由のない生活を送っていたが、幼少期より貧民街に暮らす叔母の家に遊びに行ったり、貧困世帯の同級生と一緒に学校教育を受けたりする中で、貧しさについて考えるようになった。少年マジードの目には、物質的な不足の中であっても簡素な生活を楽しむ技法を身につけている叔母や友人たちは、決して惨めには見えなかった。むしろ彼らの生活に触れる中で、貧しい人とは、限られた物質的条件の中で自律的に生きる生活倫理を実践する人、すなわち生きる歓びを内発的に生み出す能力をもっている人であると考えるようになる。

大学卒業後はイラン政府の要職に就き、国の開発政策に積極的に関わった。さらに、外交官として国連大使を務め、国内外の開発政策に積極的に関わっていく。しかし、この過程で開発の矛盾に直面し、いくつもの挫折を経験する。

第一の挫折は、イランの科学・高等教育大臣時代に起こった。第二次世界大戦後のイフンは、脱植民地化した他の南側諸国と同様、国の近代化と経済発展に邁進していく。ラーネマは時の政権のもとで科学・高等教育大臣に任命され、国の教育改革に着手し始めたが、すぐに大きな壁にぶつかった。当初彼は、イラン国民一人ひとりの多様な潜在能力を引き出す教育プログラムの導入を構想していた。だが、周囲の官僚や政治家たちは、国の経済発展に資する人的資源育成のための教育政策を期待しており、彼の教育改革案は受け入れられなかったのだ。

（1）Majid Rahnema et Jean Robert, *La Puissance des pauvres*, Paris, Actes Sud, 2008, p. 10.
（2）*ibid*., p. 41.

第二の挫折は、国連勤務時代に訪れた。国連開発計画（UNDP）に在籍していた時期（一九八二〜八六年）、ラーネマはアフリカの角で起きた飢饉への対応を迫られ、UNDPと連携して食糧物資の支援を実施した。(3)また、緊急援助以外の対案として、ヨーロッパ植民地時代にもたらされたモノカルチャー経済の問題を指摘。世界経済システムの構造転換とアフリカ諸国の自力更生（self-reliance）を促進する、長期的な開発計画を提案する。しかし、周囲の仲間は食糧支援という一過性の対症療法的な政策に満足し、アフリカ経済の構造的問題には関心を示さなかった。

イラン政府と国連での経験を通じて、ラーネマは国家や国際機関が行うトップダウン式の開発政策に限界を感じるようになった。彼が直面した限界とは、単なる政策の有効性というよりも、開発政策を計画するエリート官僚機構の物の見方や、主流派開発理論が前提として採択している世界像の限界であったと言えよう。

そこでラーネマは、民衆の草の根の運動から開発の意味や役割を問い直すようになる。科学・高等教育大臣時代には、イランの最貧困地域として知られる西部のローレスタン地域で内発的参加型開発プロジェクトを組織した。パウロ・フレイレの教育理論を採用し、現地の貧困層が自ら問題発見し、解決法を模索していく場づくりを行うプロジェクトである。この経験をとおしてラーネマは、経済的に貧困状態にある人びとが、自分たちで生活の問題を解決する内発的な能力を有していることを確信するに至ったという。

また、メキシコのクエルナバカを訪れ、そこで研究・教育活動を行っていたイヴァン・イリイチから開発の思想的問題点を学んだ。こうしてイリイチやその研究仲間との交流を重ねる中で、貧しさの意味を問い直す研究の基本構想を練り上げていく。

一九八六年に国連開発計画を退職後、ラーネマは米国のカリフォルニア大学バークレー校で教職に就き、貧しさの研究を本格的に開始した。彼の研究は、イリイチの批判的歴史学やミシェル・フーコーの〈知の考古学〉の影響を受け、西欧近代に誕生した貧困概念およびそれを支える言説制度の認識論的特徴と限界を、比較文明論や比較思想史の知見を駆使しながら相対化していく壮大な試みである。研究過程で世界各地の貧しさ研究の膨大な史料や文献を収集し、バークレー校の図書館に貧しさ研究の資料室（アーカイブ）も創設した。

イリイチとの交流の中で、グスタボ・エステバ、アルトゥロ・エスコバル、ヴォルフガング・ザックス、ヴァンダナ・シヴァ、アシス・ナンディー、セルジュ・ラトゥーシュ、ダグラス・ラミスなど、世界各地の研究者・活動家たちと知り合っていく。彼ら・彼女らは一九八〇年代から開発問題を文明論的・思想史的視座から検討し直す国際的研究を始めており、その研究成果の一部を九二年にザックス編『開発辞典』[4]として刊行した。ラーネマは同書に「貧困」というタイトルの論文を寄稿する。

この研究グループは一九九〇年代初頭に入ると「脱開発／開発-以後（英語 post-development／フランス語 l'après-développement）」というスローガンを掲げ、開発の時代に代わる新しい時代のパラダイムの構想に取り組み始めた。フランスを中心に脱開発に関するさまざまな国際会議が開催され、脱開発の国際ネッ

（3）エチオピア東部、ジブチ、ソマリア、エリトリア南部、ケニア北東部のこと。
（4）Wolfgang Sachs, ed., *The Development Dictionary: Guide to Knowledge as Power*, London: Zed-Books, 1992.（邦訳『脱「開発」の時代——現代社会を解読するキイワード辞典』三浦清隆他訳、晶文社、一九九六年）

トワーク（ROCADe）が形成されていく。ラーネマはエスコバルなどラテンアメリカの研究者とともに、英語圏で脱開発の議論を積極的に推し進め、一九九七年には自らの編集で『脱開発論入門』(5)を英語で出版した。同書は『開発辞典』と並んで、今日、英語圏の大学の開発研究基礎文献として多くの読者を獲得している。

二〇〇〇年代のラーネマは、フランス語で二つの著作を刊行した。二〇〇三年に単著として刊行した『惨めさが貧しさを狩るとき』(6)と、〇八年にジャン・ロベールとの共著として刊行した『貧しき者たちの力能』(8)である。これら二冊の著作は、質・量の双方からみて主著の名に値する作品であり、彼の長年の〈貧しさ〉研究の集大成として位置づけられる。こうして晩年まで脱開発・脱成長に関するさまざまな講演・執筆活動を続け、二〇一五年四月にこの世を去った。

## 2 『惨めさが貧しさを狩るとき』——その時代的位置づけ

ラーネマの〈貧しさ〉研究はどのようなものか。まずはフランス語で刊行された主著の一つ『惨めさが貧しさを狩るとき』を中心に、そのエッセンスを確認していこう。

同書は現代資本主義文明の権力構造を、西欧近代に誕生した〈貧困〉概念（フランス語 pauvreté／英語 poverty）とそれを支える言説制度の分析を通じて明らかにしている。ただし、それは単なる歴史書ではない。なぜなら、ラーネマの狙いは、人類史の中で貧しさの意味を問い直すことで、現代を生きるわたしたちが拠って立つ価値の座標軸——たとえば、発展・開発、経済成長、豊かさ——の正当性に異議申し立てしていくことにあるからだ。したがって、本書のよりよい理解のためには、彼の問題関心をその歴史的・地勢文化的文脈に位置づけ直すことから始めなければならない。

ラーネマが人生の大半を過ごした第二次世界大戦後の時代は、植民地主義の終焉とともに、アジア、アフリカ、ラテンアメリカ諸国が政治的・経済的自立の道を歩み始めた時代である。国連を中心に国際開発体制が樹立し、「諸国民の経済的・社会的な進歩と発展の促進」(国連憲章第五五条)を目指す〈開発〉の時代が始まった。

エステバとザックスが指摘するように、〈開発〉の時代は国際社会に認識論上の大きな転換を促した。経済学の諸仮説に基づいて開発理論が生み出された結果、世界の多様な生活文化は経済学的な認識枠組みによって評価されるようになる[8]。世界の諸国民は、各国が生産する国民所得水準にしたがって「先進(developed／advanced)」地域に所属する国民と「低開発(underdeveloped)／発展途上(developing)」地域に所属する国民とに分類され、後者は前者の所得水準に近づくことが目標となった。工業化と近代化を促進する経済競争が世界規模で始まったのだ。

(5) Majid Rahnema with Victoria Bawtree eds., *The Post-development Reader*, London: Zed-Books, 1997.

(6) Majid Rahnema, *Quand la misère chasse la pauvreté*, Paris, Actes Sud, 2003.

(7) Rahnema et Robert, 2008, *op. cit.*. 本書はジャン・ロベールとの対話の章を数点含んでいるため、共著という位置づけであるが、内容的にはほとんどラーネマの単著といってもよい。

(8) Gustavo Esteva et Wolfgang Sachs, *Des ruines du développement*, Paris, Le Serpent à plumes, 2003.

既述したように、開発政策を推進する権力機構の中に身を置いていたラーネマは、開発政策に携わる過程で、〈世界の経済学化〉を進める開発の諸言説が〈貧しさ〉の意味をも大きく変えたことを目のあたりにした。

人類の歴史を振り返ると、フランス語の pauvre や英語の poor に相当する語は多くの言語文化に存在していたが、その意味は各社会の生活文化によって多様だった。経済学的な視点は〈貧しさ〉を捉える際の絶対的基準ではなかったのである。ところが、第二次世界大戦後の国際開発体制は、〈貧しさ〉を経済学的視点から画一的に捉える言説を普及した。たとえば、世界銀行の絶対的貧困ラインという概念はその典型と言えよう(9)。

この〈貧困の経済学化〉とも形容される現象は、〈貧しさ〉の捉え方が文化によって異なるという人類学的事実を見えなくさせる。そして、世界各地で営まれていた民衆の自立と自存の生活経済——カール・ポランニーがかつて「**実体的＝実在的経済**(substantive economy)」と呼んでいた領域(10)——を、市場経済中心の理論枠組みによって画一的に評価する傾向を生み出した。ラーネマは、「経済学によってつくられた貧しさ」を通じて南側諸国の民衆が開発援助の受動的な客体に還元されてしまうことを問題視している。

二〇〇三年の著作は、二〇世紀後半の時代精神となった〈開発〉という観念がもたらすこのような認識論上の暴力の形成過程を、思想史の中で検討したものである。その手法は、イリイチの批判的歴史学がそうであったように、「過去の鏡に現代を映し出す(In the mirror of the past)(11)」ことで、開発をめぐる現代世界の構造的問題の在り処(トポス)をわたしたちの眼前に鮮明に浮かび上がらせようとするものである。

同書を読む経験は、人類史において貧しさの変容をもたらした幾重もの歴史的地層を現代から古代、古代から中世、そして近代から現代へと往還する旅に喩《たと》えることができる。その歴史的地層は、哲学・経済思想・人類学・比較文明論を横断しながら多面的に描かれ、安直な要約を許さない。ラーネマの書くテクストの複雑な構成を尊重しつつも、次節では同書の内容を①貧しさの多義性、②貧しさの近代化の二つの軸に焦点をしぼって分析する。

## 3　読解と分析

### 貧しさの多義性

今日わたしたちが慣れ親しんでいる貧困（フランス語 pauvreté／英語 poverty）という語の起源は、人類の長い歴史からみるとごく最近のことであり、近代ヨーロッパで初期資本主義経済が誕生した一六世紀以降である。ラーネマは、貧困という語の歴史的・文化的特殊性を次のように説明する。

まず、名詞としての pauvreté／poverty という概念の特殊性である。過去数千年間に人類史に現れた

---

（9）世界銀行は二〇〇八年まで絶対的貧困ラインを一日の購買力が一USドル以下と定めていた。数値はその後改定され、二〇〇八年からは一日の購買力が一・二五USドル以下、一五年からは一日の購買力が一・九〇USドル以下の人口を、絶対的貧困と定義している。

（10）カール・ポランニー『人間の経済1、2』玉野井芳郎・栗本慎一郎訳、岩波現代選書、一九八〇年。

（11）Ivan Illich, *In the Mirror of the Past*, London and New York: Marion Boyars, 1992.

さまざまな言語文化には、フランス語の pauvre や英語の poor に相当するさまざまな形容詞が存在しており、名詞として特定の人間集団を指す語はほとんど見られなかった。つまり、「貧困層、貧しい人びと(les pauvres／the poor)」という表現は、西欧近代特有の表現なのである。

これらさまざまな形容詞は、人間や社会、動物や植物に備わっている資質が期待されている水準に比べて欠けている状態を言い表すのに用いられていた。(12) つまり pauvre や poor に相当する形容詞が意味するものが、お金や物財などの物質的富の不足に限定されることはなかったのである。

ラーネマは、自身の母語であるペルシア語の例を挙げて説明している。ペルシア語では欠乏・不足を表すのに bî(〜をもたない／〜がない状態)という語がさまざまな形で用いられる。もっとも多用されるのは bî kas である。これは人間関係の欠如を意味し、話し相手がいない、誰からも気にとめられない、ケアされない状態を表す。共同体から孤立しているという点で、もっとも厳しい不幸(infortune)を意味する表現である。その他には次のような表現がある。

bî ezzat ＝「水がない状態」が転じて、名誉や尊厳を失っている状態
bî barg ＝「葉を失っている状態」が転じて、生命力を失っている状態
bî cherâq ＝「光がない」が転じて、幸運に恵まれない状態
bî setâreh ＝「星がない」が転じて、幸運に恵まれない状態
bî jan ＝活力がない状態
bî panâh ＝居場所がなく、隠れたり逃げたりしている状態
bî kâr ＝仕事がない状態

bī を用いない表現では、haqîr（欠乏、あるいは道徳的・社会的に劣っている状態）、nâ tavân（無力、力をもっていない状態）などが挙げられる。

一見してわかるように、これらの表現は共同体における人間関係の欠乏、社会的承認の不在、もしくは生命力の不足と結びついており、現代社会において常識となっている購買力の欠乏とは無関係である。なぜなら、人類史に存在した多くの社会は、資本主義社会の基礎を支える私的所有の原理とは異なる原理で組織されてきたからである。「長い間、豊かさと貧しさは必ずしもお金や物財の所有とは結びついていなかった。個人や共同体の幸せは、まったく異なるタイプの諸活動と諸関係の上に成立していた」[13]のである。

## 生活倫理としての貧しさ

次にラーネマは、金銭や物財の不足よりも人間関係や生命力の欠乏が問題とされていた生活文化においては、近代的意味での貧困――物質的欠乏――は、むしろ積極的な意味をもっていたことを強調する。つまり物質的欠乏は、共同体の生存や個人の精神的充足の実現に不可欠な、ある種の生活倫理として受容されていたのである。生活倫理としての貧しさは、二つの類型に分けられる。

### ①自立共生的な貧しさ

第一の類型は、**自立共生**的な貧しさ（la pauvreté conviviale）である。これは共同体の成員が連帯的な人間関

（12）Rahnema, 2003, *op. cit.*, p. 101.
（13）*ibid.*, p. 101.

係を構築し、限られた資源や財を分かち合う生活術のことである。カール・ポランニーの研究が明らかにするように、人類史初期の経済的諸制度（部族社会、古代の身分制社会）では、市場交換よりも互酬性（贈り物の与え合い）に基づく共同体的連帯の構築が、人間の経済の重要な部分を構成していた(14)。

共生の実現のためには、富や資源の私的所有を諦めて、それらを**コモンズ**として共有化しなければならない。この共有化の実践の具体的形態が**贈与**である。贈与の実践に基づく社会では、個人が自ら貧しくなることが、すなわち物質的所有を諦めることが、集団を豊かにし、成員の共生を可能にする。

「贈与社会の主たる富は、各人が寛大になって（par sa générosité）、集団を豊かにするために自らは貧しくなる行為であると定義されうる(15)」

贈与の実践の要は一人ひとりが「寛大になる」ことである。ラーネマによると、「寛大さ（générosité）」は贈与の生命的（エロティーク）な次元を開示する。なぜなら、寛大さを意味する générosité は、「生産する（produire）」「出産する（procréer）」「（子どもを）つくる、何かを生み出す（engendrer）」と同じラテン語の genere に由来し、生命を維持する積極的で倫理的な行為の一つとして捉えられるからだ。寛大に贈与を行うことは、共同体の成員の生命に対するケアの表れである。古代社会の富は、近代的な意味での経済的富とはまったく相容れない、贈与がもたらす生命的なつながりに支えられた富であった。

「ルイス・ハイドが贈与の生命的（エロティーク）な質について語るのは、この意味においてである。富（richesse）という言葉に対しても同様である。この文脈において富は、経済的・近代的意味での物質・所有物の蓄積と同一視されるべきではなく、根源的に異なる何か別の性質を示している。すなわち、与えられ・受け取った物の流れを止めるあらゆる蓄積行為とは相容れない富である。富を創出し増殖するためには、贈与が断ち切られることなく循環し続けることが必要である[16]」

ラーネマは、この寛大さの原理が共同体における人間同士の関係のみならず、人間と自然の関係にまで及んでいたと指摘する。古代ペルシアや古代インドにおいて、社会や人格の偉大さは経済的富ではなく寛大さに依存していた。そしてまた、大地もこのような寛大な力を保有しており、あらゆるもの（万物）を支え育むと考えられていた。つまり、お金は富や力とはまったく結びついていなかったのである[17]。

以上の考察から、自立共生的な貧しさは、共同体を取り囲む有機的宇宙（コスモス）の秩序と密接に関わっていたことがわかる。個人の生はそれを支える共同体の秩序――さまざまな社会関係――に埋め込まれ、共同体は万物を育む自然界の秩序――生命循環――に埋め込まれていた。ラーネマによると、自立共生的な貧しさは、ペルシア語やアラビア語の qana'at と呼ばれる美徳、すなわち「各人が自分のもっているものに、すなわち有機的宇宙の秩序が生み出す豊かさにおいて適切な取り分と考えられるものに満足する[18]」という倫理の実践に通じる。この生活倫理は、自己自身が善き生活を送るだけでなく、社会の結束を維持し、生存の必要性に対して共同体全体で協力して取り組むためにも必要だった。

共同体的連帯の倫理は、ヨーロッパでは民衆（common people）の**道徳的経済**（モラル・エコノミー）として一

---

（14）前掲（10）、第1巻、一二四ページ。
（15）Rahnema, 2003, *op. cit.*, p. 50.
（16）*ibid.*, pp. 50-51.
（17）*ibid.*, p. 53.
（18）Rahnema et Robert, 2008, *op. cit.*, p. 46.

七〜一八世紀ごろまで実践されてきたが、資本主義経済の台頭とともに廃れていく。だが、ラーネマが指摘するように、その思想は地下水脈として残っており、プルードンに代表される一九世紀の社会主義思想に受け継がれている。

### ②自発的な貧しさ

第二の類型は自発的な貧しさ(la pauvreté volontaire)である。これは、物質的富への執着から解放され、より高次の精神的充足や自由を獲得するために、自ら簡素な生活を選択する生き方を指す。ソクラテス、アッシジの聖フランチェスコ、トルストイ、ガンディー、シモーヌ・ヴェイユなど、古今東西の賢人や哲学者たちの間で実践され、勧められてきた倫理である。自発的な貧しさの根底には、人間の幸せや善が物質世界から得られるものではなく、各人の内面(精神)の成熟を通じて実現されるものであるという思想がある。たとえば、ラーネマはソクラテスについて次のように述べている。

「ソクラテスにとって、幸せと善き生活は、外部から獲得できるものではなかった。それは主体の倫理的実践(プラクシス)に内在するものである(19)」

倫理的実践を行うためには、なによりも精神が欲求を識別し、堕落や退廃に陥らないように生活を導くだけの分別を備えていなければならない。この視座のもとでは、簡素な生活、すなわち貧しさは、精神の分別能力を磨いていくための道として積極的な意味をもつ。

「ソクラテスによると、すべての人間は、充足した生活を送ることを可能にする欲求を識別・管理するための分別を発展させなければならない。この分別の能力は、それ自体が枯れることのない豊かさの源泉であり、見せかけの物の探究が堕落と退廃の潜在的源泉になるということを諭してくれる。〔……〕これらの理由から、自発的な貧しさを提唱したソクラテスや他の偉大な思想家の考えでは、貧しさは決して否定的な意味をもたない。貧しさは美徳、正義、分別、知性と結びついている。お金や物財の欠乏とは結びついていないのだ[20]」

自発的な貧しさは、単なる禁欲ではない。所有欲や金銭欲への盲目的追従からの解放は、人間関係を豊かにするさまざまな倫理――たとえば友情（philia）――を実践するために必要な条件だからである。すなわち簡素な生活は、物質的な豊かさの代わりに精神性と関係性の豊かさを肯定していく倫理である。

## 近代化された貧困の誕生

人類史を通じて貧しさは多様な意味をもっていた。しかし、近代ヨーロッパにおいて資本主義経済が台頭し始めると、その意味が著しく経済的な意味を帯びるようになる。ラーネマは、この貧しさの意味の近代化――それは「経済化」といってもよいだろう――が、一四世紀から一九世紀にかけてヨーロッパ社会に大きな影響を与え、二〇世紀後半には国際開発政策を通じて全地球的な影響力を与えるに至ったと分析する。

（19）Rahnema, 2003, *op. cit.*, p. 54.
（20）*ibid.*, p. 55.

## ①初期資本主義における変容

ヨーロッパで貧しさの意味の転換が起きだしたのは、市場経済の発展が始まった一四世紀ごろからである。それまでヨーロッパの民衆は、物質的欠乏を共同体的連帯によって補完する道徳的経済（モラル・エコノミー）を基盤に生活を築き上げてきたが、市場経済の浸透にしたがって、そのような互酬性の経済領域は衰退し始めた。社会的格差は広がり、民衆同士の連帯を通じた生存戦略が困難になる。

一六世紀に入って初期の商業資本主義が台頭してくると、窮乏の解決法としての労働が社会的に重要な価値となる。労働パラダイムの確立は、貧者の社会的意味をも大きく変えた。物質的な貧しさが自立共生や精神的な自由を促進する手段として肯定的に捉えられていた時代とは反対に、一六世紀ヨーロッパの貧者や物乞いは、ならずもの、放浪者、犯罪者と同等の地位に位置づけられた。社会は彼らを無視し、退廃の象徴とみなすようになったのである(21)。

ラーネマはこの時代の貧者の社会的地位の変容を説明するのに、以下の一六世紀初めのフランスの史料を専門研究書から引用している。

「貧者（le pauvre）の生活条件は無秩序と定義される。貧しい者たち（les pauvres）は市民的秩序の乱れの要素であるだけでなく、精神的秩序の乱れも体現している。罪深いのはもはや人間自身ではない。その人格が、富裕化の流れについていけずに潜在的な欠陥を露呈していることが罪深いのだ(22)」

この史料に関してまず気づかされるのは、かつては形容詞として用いられていたpauvreという語が名詞として、物質的に困窮する特定の人間集団を指すようになっている点である。そして、貧者は精神的秩序と市民的秩序の乱れを体現する者として定義され、物質的富を生み出す資本主義経済のダイナミズムについていく能力に欠ける者として、その人格の罪深さが糾弾されている。ラーネマが「近代化された貧しさ（la pauvreté modernisée）」と名付けるこの新しい意味体系においては、貧しさはもはや美徳や正義や知性とは結びついていない。貧しさは精神的退廃、さらには市民的秩序への脅威として捉えられ、労働を通じて根絶されるべき社会的悪に成り下がってしまったのである。

### ② 〈貧しさ〉が〈惨めさ〉へと転落する

『惨めさが貧しさを狩るとき』というラーネマの著作のタイトルの真意が明らかになるのは、まさにこの文脈においてである。近代資本主義の台頭とともに起こった貧しさや労働をめぐる言説の配置転換は、過去数千年間に人類の多くの文化で受容されていた簡素な生活に対する肯定的評価を後退させ、貧しき者たちの内発的で自律的な生活能力を見えなくした。いまや、簡素な生活と経済的困窮状態を区別する認識枠組みはない。〈貧しさ〉は〈惨めさ〉（misère）や〈極貧〉（indigence）と同義語となったのである。簡素な生活の中に見出される精神的な自由と充足、そして限られた資源や富を分かち合って暮らす自立共生的な生活倫理は忘却され、市場経済活動を通じた商品生産と富の蓄積が物質的欠乏に対する唯一の解決策として現れた。

---

（21） *ibid*., pp. 63-64.

（22） Philippe Sassier, *Du bon usage des pauvres: Histoire d'un theme politique, XVIe-XXe siècle*, Paris, Fayard, 1990, pp. 69-71, cited from Rahnema, 2003, p. 64.

ラーネマによると、この〈貧しさ〉の〈惨めさ〉への還元——あるいは「転落」といってもよいだろう——は、イリイチの用いた disvalue という現象の一例として捉えられる。著作の中ではそれ以上の説明はないが、この点をよりよく理解するために、少しイリイチのこの概念を掘り下げて見ていこう。

イリイチが disvalue という古い英単語に注目し始めたのは、『シャドウ・ワーク』や『ジェンダー』を著した一九八〇年代前半である。この語は価値否認、軽視、無視、侮りを意味し、一七世紀前後の英文学作品ではよく使われていた。たとえばシェイクスピアの『尺には尺を』(一六〇四年)にも、「なぜなら、彼女の評価は否認された／落ちたのだから(For that her reputation was dis-valued)」という台詞が登場する。[23]

イリイチによると、近代以前のヨーロッパで disvalue の対義語として使用されていたのは blessing や boon であった。[24] Blessing は神の恩寵や自然の恵みを、boon は賜りものや恩恵のことを指す。いずれも「有り難いもの」として、感謝の対象を表現していた。古代・中世の人間社会は自然界の有機的宇宙(コスモス)の秩序の中に位置づけられ、生活を支えるさまざまな条件は人間の尺度を超えた宇宙からの贈り物と考えられていたのだ。とくにイリイチは、水や森や土地などのコモンズ(共有財)は創造主や自然からの恵みとして、長い間その意味は blessing や boon という表現で語られていたと指摘している。

ところが、資本主義経済の勃興とともに、もとより物の値段を意味する value という語が支配的になり、blessing や boon という語は廃れていく。同時に、後者と密接に結びついていた共同体のコモンズとそれに立脚した農業・漁業などの伝統的な生業の価値は否認され、軽蔑や侮蔑の対象へと変わった。コモンズは資本主義経済がもたらす〈進歩〉によって破壊されるべき対象となったのである。

このようにイリイチは、資本主義経済勃興の根源にコモンズの価値否認があったことを指摘した。ラーネマは、貧者に対しても同じように価値否認が起こったと分析する。貧者の道徳的経済は物質的には豊かとは言えないが、限られた資源と富を分かち合うことで生活の自立と自存を可能にしてきた。だが、資本主義経済が発展する過程でこの自立と自存の生活空間は破壊され、貧者は労働を通じて資本主義的生産様式の中に取り込まれる対象となる。彼らの内発的な生活能力は否認され、その価値は購買力（所得）によって測られるようになった。自立と自存の生活空間を破壊されたうえに、最低限の購買力をもたない彼らは、生計を立てる能力をもたない「惨めな」人間として蔑《さげす》まれるようになったのである。

このように〈貧しさ〉が〈惨めさ〉へと還元され、貧者の内発的能力や自律性が否認されたとき、近代特有の幸福に正当性が与えられた。一八世紀になると、貧しい者たちには経済的困窮が与える苦しみよりも、経済的豊かさが与える幸せを期待することができるという思想がヨーロッパで普及し始める。フランスの政治家サン＝ジュストがフランス革命後のヨーロッパについて述べているように、物質的な幸福の実現は貧者を惨めさから解放する道であると認識されるようになった。以後、経済的繁栄を通じた貧困の解決というシナリオが、産業革命が進行するヨーロッパにおいて普遍的な価値をもつに至る。

③〈惨めさ〉のグローバル化

第二次世界大戦後の開発の時代は、近代化した貧しさ、すなわち〈惨めさ〉が地球規模に拡大した時代

---

（23） William Shakespeare, *Measure for Measure*, 5. 1. 240, in *The RSC Shakespeare Complete Works*, edited by Janahtan Bate and Eric Rasmussen, Houndmills, Basingstoke, Hampshire: Macmillan, 2007, p. 208.

（24） Illich, 'Disvalue' in *In the Mirror of the Past*, London and New York: Marion Boyars, 1992.

として理解できる。国際開発体制の樹立とともに、世界の諸国民は一人あたり国民所得（ＧＤＰ）の水準によって序列化され、経済的に低発展とされる国は先進工業国の所得水準に追いつくことが要請されるようになった。

この「経済学化」された世界認識のもとでは、世界のさまざまな物質的欠乏状態も経済学の視座から画一的に捉えられていく。たとえば、世界銀行が設定する絶対的貧困ラインが貧困層を規定する国際的基準として一般化されているように。

しかし、貧しさを購買力の視点からのみ捉えることは、貧しき者たちがその固有の文化の中で営んできた生活倫理や生存のための技法（アート）を捨象し、彼らを資本主義経済の言説空間に閉じ込めることになる。「貧困層（the poor population）」と抽象的な集合名詞で括られるようになった貧者は、もはや能動的主体ではなく、経済政策の受動的対象へと還元させられている。

ラーネマによると、国際化した開発政策によって進行する貧困の近代化は二つのタイプの〈惨めさ〉を引き起こす。一つ目は「物理的な惨めさ（la misère physique）」である。

これは、伝統的な生活によって維持されてきたコモンズが開発政策によって破壊されたことから生じる、生活手段の剥奪状態を指す。開発政策がもたらした近代化の歪みを端的に示す現象であると言えよう。コモンズを失った南側諸国の農村・漁村の多くの人びとは、市場経済に依存する以外の生活手段を失うが、だからといって近代的な都市工業部門に再雇用されるわけでもない。彼らは市場経済の周縁に追いやられ、生活に必要な最低限の物資へアクセスできない極貧状態（indigence）となり、都市スラムやインフォーマル経済部門でなんとか生存を続けている。

ラーネマが繰り返し強調するのは、このような剥奪および極貧状態は、人類史の多くの文化で実践されていた自立共生的な生活倫理としての〈貧しさ〉とは大きく異なるという点である。自立共生的な生活倫理が機能していた社会では、貧しい人とは簡素さ・つましさ（frugalité）の感覚を備えた普通の人びとを指す。普通の慎ましい人びとの生活は、農地、漁場、森林、河川など、彼らが共同で管理してきたさまざまな資源（コモンズ）に根を下ろしていた。ところが、開発の名のもとで社会の市場経済化が進み、これら多様なコモンズが破壊されると、慎ましい人びとの生活手段は根こそぎ失われ、彼らの身体的な生存能力を衰弱させる剥奪と極貧が支配するようになる。

もうひとつの惨めさは、「精神的な惨めさ（la misère morale）」である。これは、経済学の言説空間に囚われ、合理的経済人としての行動を余儀なくされることで生じる心理的困窮状態を指す。物質的欠乏を味わう諸個人は、自分よりも生活水準の高い経済階級と比較して自らの生活水準を惨めに思うようになる。精神的に惨めな状態に陥った人は、資本主義経済の中で労働し、お金を稼ぎ、富める者の生活水準に少しでも近づきたいという心理的な焦燥感に駆られて毎日の生活を送る。

ただし、精神的な惨めさをスラム街などに暮らす極貧層の精神状態のみに限定してはならない。ラーネマの省察が明らかにするように、この第二のタイプの惨めさは、社会関係の均衡を破ってまで個人の経済的成功を追求する欲望（désir）と羨望（envie）のシステムの中心に現れる現象である。(25) それは経済学化した現代社会全体を支配する惨めさであり、中産階級や富裕層にまで影響を及ぼしている。

---

（25）Rahnema, 2003, *op. cit.*, p. 230.

なぜなら、中産階級は富裕層の生活水準に憧れて経済階級の階段を一つでも上ろうと必死になり、富裕層は現在よりさらに多くの富（所得、資産）の所有に固執する。富裕層は、他人から富を奪うまでして獲得したステータス・シンボルや権力を他人に見せつけようと必死になる。[26] 人びとを経済競争に駆り立てるのは、このような精神的な惨めさである。

全人類に経済的繁栄を約束する国際的な開発政策は、精神的な惨めさのグローバル化と表裏一体で進行している。この精神的な惨めさは、人間を合理的経済人に還元し、精神構造そのものを市場経済依存にする点において、物理的な剥奪や極貧状態よりもさらに深刻で根の深い、経済学による「**想念の植民地化**」を生み出す。

ラーネマが社会の市場経済化とともに進行する合理的経済人像の一般化をＨＩＶウィルスと麻薬密売者に喩えた理由は、まさにこの点にある。[27] つまり、身体に潜在して免疫機能を破壊するＨＩＶウィルスのように、合理的経済人像は現代人の精神構造を侵食し、市場経済に依存しない自律的な生活をつくる能力を破壊する。また、人びとを麻薬中毒にする麻薬密売者のように、合理的経済人像は富を際限なく追求する中毒患者に人間を変えてしまう。市場経済とその中心的なアクターである合理的経済人像の支配が続くかぎり、現代人は精神的な惨めさをその内面の奥深くにかかえ続け、経済競争から逃れられないのである。

## 4 貧しき者たちの力能の再生を目指して

### 権力の哲学から力能の哲学へ

二〇〇三年の著作でラーネマは、貧しさの意味の近代化とその帰結を思想史の一大パノラマとして描いてみせた。彼の研究によると、資本主義経済の台頭とグローバル化の根源には、〈貧しさ〉の〈惨めさ〉への還元がある。かつて多様で積極的な意味をもっていた〈貧しさ〉は経済学的な視点から画一化され、それと同時に簡素な生活の美徳も忘却された。経済学化された世界の中で生きる人間は、コモンズとの結びつきを失った人間である。そのような人間は、開発の名のもとで導入される産業社会のシステムに依存する以外に生活手段がなくなるという点で、内発的・自律的な能力を喪失している。

物質的生活と精神的生活の両側面で起こる〈惨めさ〉の支配からいかにして抜け出すか——ジャン・ロベールとの対談を含んだ最後の著作『貧しき者たちの力能』(二〇〇八年)において議論の中心となったのは、この問いである。

同書でラーネマは、これまでの著作で展開してきた議論を、権力と知の相関関係に焦点を当てて説明し

(26) *ibid.*, p. 231.
(27) *ibid.*, p. 214.

直す。まずスピノザの哲学に言及し、人間社会を構成する力には力能（potentia）と権力（potestas）があると指摘する。力能は人間の内発的なコントロールや充足感を指し、自律性の源泉となる力である。反対に権力は外的な力のことで、他者に介入する力の行使である(28)。

二〇〇八年の著作では、このスピノザの二つの力の概念を軸に、一方では開発のもつ権力構造の批判を、他方では脱開発へと向かうさまざまな思想や運動の評価を展開していく。スピノザの哲学がこれほどまでに重視されるのは、なぜだろうか。ラーネマのスピノザ理解に大きな影響を与えたジル・ドゥルーズは次のように述べる。

「スピノザの根本的な思想は、少なくとも、潜在的には、諸力の自発的な発展という考え方である。［……］スピノザにおいては、諸力は自発性や生産性と密接不可分に結びついて、それらが諸力の無媒介な発展、つまり諸力の合成を可能にするのである。［……］彼の全哲学は、権力に対する力能の哲学である(29)」

ホッブスに代表される近代政治哲学の主流は、国家の制度的媒介によって生まれる権力を中心に、社会秩序の構成原理を理論化してきた。これに対して、スピノザの哲学は「異端」の立場をとる。なぜならその哲学は、権力の媒介作用に訴えることなく、諸個人のもつ力の内発的な発展を通じた社会化の原理を構想するからである。言い換えるならば、権力による秩序形成に焦点を当てる近代政治哲学が他律性の思想であるのに対して、力能の内発的な生産力に焦点を当てるスピノザの哲学は自律性の思想である。

スピノザの力能の哲学は、二〇世紀最後の四半世紀に欧米の思想家たちによって積極的に再評価されてきた。今日に至るまで、資本主義経済の権力に抗するさまざまな民主主義理論がスピノザ哲学の再読を通じて生み出されている。なかでも、二〇〇〇年代初頭から展開している反グローバリズム左派の社会運動に大きな影響を与えているのが、**「マルチチュード」**の政治理論で有名なマイケル・ハートとアントニオ・ネグリだ。彼らはグローバル資本主義経済から排除された多様で異質な個（singularities）の集合体をマルチチュード（the multitude）と呼び、それがグローバル化時代の民主政治の新たな主体となる可能性を理論化している。

たとえば『コモンウェルス』[30]（二〇〇九年）において、ハート&ネグリはこう主張する。グローバル資本主義経済が人間の生活のあらゆる次元を市場化して資本の論理に従属させていく中で、私的所有権の保障に基礎を置く近代国家の諸制度は真にオルタナティブな社会の基礎とはなりえない。むしろ重要なのは、市場の権力とも国家の権力とも異なる位相にある〈共〉（the common）の領域を再創造する可能性の模索だ。

彼らによると、〈共〉の再創造の主体はマルチチュードである。そしてマルチチュードとは、ヨーロッパ思想史の中では常に権力の領域から排除された貧しい民衆のことを指していた。伝統的な政治哲学は貧

（28）Rahnema et Robert, 2008, *op cit.*, p. 43.

（29）ジル・ドゥルーズ「序文」、アントニオ・ネグリ『野生のアノマリー——スピノザにおける力能と権力』杉村昌昭・信友建志訳、作品社、二〇〇八年、一三ページ（フランス語版 Antonio Negri, *L'Anomalie sauvage: Puissance et pouvoir chez Spinoza*, Paris, Edition Amsterdam, 2007 (1982), p. 11.）。

（30）マイケル・ハート／アントニオ・ネグリ『コモンウェルス——〈帝国〉を超える革命論（上）（下）』水島一憲監訳、幾島幸子・古賀祥子訳、ＮＨＫブックス、二〇一二年（原題 Michael Hardt and Antonio Negri, *Commonwealth*, Cambridge, Mass: Belknap Press of Harvard University Press, 2009.）。

者を力なき者として蔑んできたのに対して、ハート&ネグリは貧者の力能――生活を自己組織化する内発的な能力――を積極的に評価する道を選ぶ。

「少なくとも中世以降一七世紀まで、貧者という政治的概念はヨーロッパで広く普及していた。そうした歴史から学ぶための努力を惜しまないつもりではあるが、私たちのより大きな関心は、今日の貧者は何に生成変化したかという点にある。貧困という観点に立つことがもたらす健全な効果は、第一に、従来の階級の呼称の問いなおしができる点、そして階級組成がいかに変化したかについて、また賃金にもとづく雇用関係の内外を問わず、広範囲にわたる人びとの生産活動について、新たな目で考察することを強いられる点である。また第二に、貧者を欠如ではなくそれが有する可能性によって定義することができるようになる。貧者や移民、「不安定な」労働者(つまり安定した雇用状態にない労働者)は多くの場合、排除された存在とみなされるが、実際には、彼らは被従属的立場に置かれているとはいえ、完全に**生政治的生産**(biopolitical production)のグローバルなリズムの内側に取り込まれているのだ。経済統計は貧困状態を否定的にしかとらえられず、そこでは貧者が作り出す生の形態や、言語、運動、革新をもたらす能力といったものは評価されない。私たちが挑むべき課題は、貧者の生産性と可能性を力能へと転換するための方途を見出すことである」[31]

ラーネマによるスピノザ哲学の再評価は、ドゥルーズからハート&ネグリに至るこの現代的系譜の中に位置づけられる。彼は、開発をめぐるさまざまな現実においても権力と力能の二つの次元があると指摘する。開発における権力の論理とは、国際機関や先進国がもたらす開発政策に特徴的な論理であり、技術援助などの外的な力によって南側諸国の生活世界を近代化・工業化・市場化していく力である。これに対して力能は、南側諸国の民衆が歴史的に営んできた自立共生的な生活文化の根底に潜む力を指す。

「アラビア語／ペルシア語の faqr o qana’at とは、貧しさの中で満足することを意味します。それは貧しき者たちの力能を指します。この力能は、さまざまな文化において生活および存在の様式として考えられてきたものです[32]」

歴史的に見て主流の開発政策は権力の論理と結びつき、コモンズに根を下ろして生きる民衆の生活文化を侮蔑し、彼ら・彼女らの力能を否認(disvalue)してきた。〈貧しさ〉を〈惨めさ〉に還元する開発の知の体系は、力能を権力に従属させる支配の構造をつくり上げた。開発の知の体系を支えるこの権力の論理に対抗し、ラーネマは貧しき者たちの力能の再評価に努める。かくして『貧しき者たちの力能』では、開発とグローバル化に抵抗する北側諸国・南側諸国の民衆の自己組織化の運動とそれを支える実践哲学が、スピノザの力能の哲学を現代に継承するものとして提示されるのである。

### スピノザ哲学の継承者としてのガンディー

この視座においてラーネマがもっとも注目するのは、マハマト・ガンディーの思想である。英国植民地主義の支配を受けたインドにおいて、ガンディーが非暴力の反植民地運動を指導したことは有名である。その影響はインド以外の第三世界諸国にも広く及んでおり、イラン出身のラーネマもまた、ガンディーの

(31) 前掲(30)、(上)一九～二〇ページ(Ibid., p. xi.)(傍点は筆者による)。
(32) Rahnema et Robert, 2008, *op. cit.*, p. 42.

反植民地主義運動に勇気づけられた一人であった。

ラーネマによると、ガンディー思想の中にはスピノザの力能の哲学に共振する要素がある。第一に、両者はともに簡素な生活の実践者であった。人間の幸せの源泉を富の所有に求めるのではなく、簡素な生活の中で得られる精神的充足に求めた点に共通点が見出せる。「地球はすべての人びとの必要を満たすのに十分なものを提供するが、すべての貪欲を満たすほどのものは提供しない」というガンディーの有名な格言を、ラーネマは高く評価する。

力能に直接関わる問題として、もう一つ重要な共通点がある。それは、両者がともに身体の役割を重視した点である。ドゥルーズが述べるように、スピノザは事物を〈存在〉(l'être)の観点から固定的に捉えるのではなく、〈生成〉(devenir)の観点から絶えず産み出され変化するものと捉えた。この「生成の哲学」の核心を為すのが身体(物体)である。ドゥルーズは、スピノザが身体を運動的概念(cinétique)と力動的概念(dynamique)の両側面から定義していることに注目し、その代表作である『エチカ』を道徳哲学としてではなく、行動生物学(エソロジー)として理解すべきだと提案している。(33)つまりスピノザの哲学は、生成変化する身体——複数の多様な身体——の動的な関係を中心に世界を捉える実践哲学なのである。

ラーネマによると、ガンディー思想の中にもスピノザ哲学に通じる身体への独自の眼差しがある。その反植民地主義運動を通じてガンディーは、虐げられたインドの民衆の自立(スワラージ)の道を模索し続けた。その思想と実践の核心には、自国の貧しき者たちの身体経験を媒介して育まれたインドの豊かな生活文化の再評価があった。ラーネマにとって、ガンディーは植民地支配下にあるインドの民衆世界の精神性——その基底には民衆の多様な身体によって育まれた生活がある——の良き理解者だったのである。

「インドの民衆の精神を体現していたガンディーは、まさしくインドの身体そのものだった[34]」

## ガンディーの教育論の再評価

ラーネマによると、ガンディーの身体重視の眼差しは、その教育論においてもっともよく表れている。ガンディーは一九三七年にインドのワルダーで開催された国民会議において、ナイ・タリーム（Nai Talim）と呼ばれる独創的な教育論を提案した。英国による植民地支配を受けていた当時のインドでは西欧式の高等教育が導入されており、知識人や政治家などの支配階級を対象に近代西欧の諸学（近代科学、哲学、文学、経済学など）が英語で教えられていた。その結果、高等教育を受けた支配階級と教育を受けていない大衆との間に大きな溝ができ、知識の大衆への伝播が妨げられていた[35]。

ガンディー自身もインドの高等教育を受けた一人であり、一度は英国留学も経験した。しかし、自国の民衆世界と乖離した近代西洋文明の諸学を受動的に学ぶ教育に限界を見た彼は、民衆の真の自立を手助け

(33) Gilles Deleuze,《Spinoza et Nous》, *Spinoza, la philosophie pratique*, Paris, Minuit, 2003, pp. 162-164.
(34) Rahnema et Robert, 2008, *op. cit.*, p. 126.
(35)「現在の教育システムはあらゆる点において我が国の要求を満たしていない。英語は高等教育機関における教育用言語として使われているが、高等教育を受けた少数者と教育を受けていない多数者の間に永続的な溝をつくり出している。英語による教育が原因で、大衆への知識の伝播が妨げられている。英語を過度に重視することで、知識階級は大衆を傷つけ、彼らを自国におけるよそ者のように扱う重荷を担わされている」(M.K. Gandhi, *Basic Education*, Ahmedabad, Navajivan Publishing House, 1951, p. 22)

する新しい教育を提案したのである。

ナイ・タリームとは、インドの村落共同体に暮らす多くの貧しき者たちの生活世界に根差した実践的な教育のことである。それは、近代西洋文明の物質的水準に追いつくために近代科学や経済学の知識を詰め込む教育ではない。村落共同体の社会環境や自然環境が提供する多様な生活手段を学び直すことで、土着の生活の尊厳の回復を目指す教育だ。

ガンディーは、インドの村落共同体で伝統的に行われてきた手仕事（絹織物の加工、家具や玩具の制作、製本など）を若者に教えることを推奨した。これらの手仕事は身体を通じて習得される実践的な技能であると同時に、自らが暮らす村落の文化的ルーツに直接触れる機会となる。このような実践的な学びは、植民地主義下のインドの学校教育プログラムとは対極に位置するものだった。ガンディーは、民衆一人ひとりがこのような生活の技法（アート）を学び直すことで、各村落共同体で自治・自立（スワラージ）の土台が育まれることを期待したのである。

ラーネマによると、この民衆の学びの基礎としてガンディーが重視していたのがチャルカー運動である。[36] インドに伝わる手紡ぎの糸車（チャルカー）は、伝統的にカーディと呼ばれる綿布を生産するのに使われた。当時のインドは、英国植民地主義支配のもとで工場制機械工業による綿布が市場を席巻し、その影響で伝統的な地場産業は崩壊し、多くの人びとが貧困に陥っていた。近代工業システムのこの非人間的性格を看破していたガンディーは、インドの大多数の貧しき者たちに経済的自立の機会を与えるために、チャルカーによるカーディの生産を推奨したのである。

チャルカーによる生産は、生産性の点からみても、製品の質からみても、工場で作られた綿布に劣る。

だが、生産性が低いからこそ、多くの人びとが生産過程に参加でき、彼らに雇用を与えることになる。たとえば後に経済学者Ｅ・Ｆ・シューマッハーは、ガンディーのこの発想転換の中に「大量生産（mass production）」ではなく「大衆による生産活動（production by the masses）」という考えと、人間性を奪う近代工業技術に代替する「人間の顔をもつ技術（technology with human face）」のアイデアを見出している。[37]

チャルカー運動がもたらす民衆の経済的自立への効果は、近年、石井一也の研究によっても明らかにされている。[38]石井の研究に共鳴しながらも、[39]ラーネマはさらに、チャルカー運動がもたらす学びの効果についても次のように評価している。少々長いが、重要な点なのですべて引用しよう。

「ガンディーによるチャルカーの再利用は、失われた過去の賛美を意図してはいなかった。それは、インドのすべての貧しき者たちに役立てられる、慣れ親しんだ多様な価値をもつ道具を提供することを目的としていた。チャルカーは、彼らに自律（autonomie）のための最善のチャンスを与える道具、とくに「教える者」と「教えられる者」の関係を完全に転換する道具である。ガンディーにとって重要だったのは、「教える者」と「教えられる者」の間に最善の関係を創出することだった。つまり、両者が一緒になって

（36）実際にガンディーは、「チャルカーの追求は、村落産業、ナイ・タリームなどの他のさまざまな活動の源泉とならねばならない。われわれがチャルカーを賢く使うことができるならば、われわれは村落の経済生活全体を再生することができる」と述べている（M.K. Gandhi, *Village Swaraj*, Ahmedabad, Navajivan Publishing House, 1962 p. 146）。

（37）E.F. Schumacher, *Small is Beautiful: Economics as if People Mattered*, New York and London: Happer Perennial, 2010 [1973], p. 163.（邦訳『スモール イズ ビューティフル』酒井懋他訳、講談社学術文庫、一九八六年）

（38）石井一也『身の丈の経済論――ガンディー思想とその系譜』法政大学出版局、二〇一四年。

（39）ラーネマは石井の英語論文に言及しながら、チャルカー運動を評価している。

まっとうな問い――すなわち、教師のマニュアルの中にあらかじめプログラム化されていない問い――に取り組むことを可能にする関係を創ることである。本当の問いとは、小さな家、村落、国の社会的・政治的現実に対して答える問いである。それは英国の植民地主義の存在についての問いでもある」[40]

つまりチャルカー運動は、インドの民衆の経済的自立という実践的課題から植民地主義の支配構造を問い直し、村落共同体の生活を再評価する学びの道具と位置づけられるのである。この運動の中では、知識を伝える者と学ぶ者の関係自体が問い直される。教える者と教えられる者との境界線は消え、チャルカーを回す貧しき民衆自身が自ら問いを立て、その問いに実践的な解答を与えることが可能となる。

この視座から、ナイ・タリームの中心テーマがより鮮明に浮上してくる。この語はしばしば英語でbasic education（基礎教育）と訳される。しかし、ラーネマは、この語の意味を英語で適切に表現するならば、それはイヴァン・イリイチのde-schooling（脱学校化）であると指摘する。[41] なぜなら、『脱学校化社会』（一九七一年）においてイリイチが論じたように、ガンディーもまた、専門的な知識を詰め込む学校教育制度を相対化し、民衆の土着の生活に根差した実践的な学びを推奨したからである。

## グローバル化時代の民衆運動への注目

このようにラーネマは、ガンディーの教育論をとおして貧しき者たちの力能を解放させる道を提示している。貧しき者たち自身が開発政策の権力の論理と決別し、自らの生活を自己統治していく道が存在するのだ。そして、そのような自律自治を学ぶ実践は近年、グローバル資本主義経済によって排除された北側諸国・南側諸国の民衆によってさまざまな形で取り組まれ始めている。

たとえばラーネマは、南部メキシコのチアパス州で展開するサパティスタの自治運動に言及する。[42] 一九九四年に始まったこのマヤ系先住民族による社会運動は、メキシコ政府の北米自由貿易協定（NAFTA）への参加に異議申し立てし、チアパスの土地を現地の先住民族によって自己統治する取り組みを二〇年以上にわたって続けてきた。

ラーネマがこの運動にナイ・タリームと共振する要素を見出す理由は、サパティスタによって創設された「大地の大学（Universidad de Tierra）」と呼ばれる学校の活動にある。イリイチに捧げられたこの学校では、チアパスの地理と歴史、アグロエコロジー、伝統的な建築技術など、現地の先住民族の生活世界に根差したさまざまな知識と技術が教えられる。サパティスタ運動は、これら実践的な知識を自ら学ぶと同時に、補完通貨やフェアトレードなどの現代的なオルタナティブ経済活動を導入することで、自律的な生活空間の構築に成功している。

ヨーロッパ植民地主義とメキシコ政府の開発政策によって抑圧されてきたチアパスの先住民族たちは、開発とグローバル化が押しつける権力の論理と決別する道を選び、自らの生活の自立と自存を可能にするコモンズの再構築に努めてきた。ラーネマはこのようなサパティスタの多様な活動の中に、開発の知の体系によっては認識されることのない、貧しき者たちの力能の表出を見出す。彼らの活動は、ガンディーの

（40） Rahnema et Robert, 2008, *op. cit.*, pp. 133-134.
（41） *ibid.*, p. 129.
（42） *ibid.*, Annexe 1, pp. 237-244.

思想と実践がそうであったように、貧しき者たちが抑圧された状態から抜け出して自立共生的な生活の主体へと生成変化することが可能であることを示している。ラーネマが強調するように、それはまさしく「革命家になること（un devenir révolutionnaire）」にほかならない。

ラーネマは生涯をとおして貧しさの意味を問い直し続けた。その彼が最終的にたどり着いたのが、貧しき者たちが自らの力能を自己発見し、開花していく道である。そのような力能の自己産出の可能性は、権力の論理と結びついた学問によって可視化されることはない。それは民衆の生活世界の中から、彼らの身体性から内在的に創出される知識によってのみ認識可能である。「ものごとを正しく見るには、レンズを磨かなくてはならない」――スピノザの認識論に触れながら、ラーネマは繰り返しそう語る。

近代化された貧しさの言説制度を解体し、貧しき者たちのもつ内発的な自己統治能力を積極的に評価すること。彼らの自己組織化の実践を可視化し、開発とグローバル化の時代を克服したオルタナティブな社会の形を、彼らの力能の立場から描いていくこと。これこそが、ラーネマが長年提唱してきた脱開発のビジョンである。

## 5 ラーネマとわたしたち

日本から遠く離れたイランで生まれ育ったラーネマは、自国や国連の開発政策の経験を通じて、経済発展パラダイムの根底に潜む〈貧しさ〉の概念を問い直した。彼の学術的遺産は、先進工業国に暮らすわたしたちにとっても大きな意味をもつ。

欧米や日本をはじめとする先進工業国は、今日、さまざまな次元において経済発展の逆説的現象に直面している。その最たるものの一つが、物質的な豊かさの中に現れた「関係性の貧困」である。すでに第1章で述べたが、現代消費社会において諸個人は他人よりも多くの富を所有することで幸福感を得ようとする。だがその一方で、各人は経済競争に駆り立てられ、近隣コミュニティとのつながりが薄れ、社会関係資本の衰退が進んでいる。

近年、イタリアの経済学者ステファァーノ・バルトリーニは、米国とヨーロッパ諸国の幸福度の比較研究を行う中で、関係性の貧困が幸福度に与える影響をこう分析している。[43]米国は先進国の中で一人あたり所得がもっとも高いが、同時に関係性の貧困がもっとも深刻化している国である。その結果、所得の増加による生活満足度の増加が、コミュニティの社会関係の衰退によってもたらされる物質的・非物質的な生活の質の悪化によって相殺され、全体として米国民の幸福度は過去三〇年間低下し続けている。何よりも問題なのは、関係性の貧困に関連して起こる幸福度の低下が、米国民の消費主義依存を助長している点である。

バルトリーニのこの指摘は、本章で扱ったラーネマの議論の中でとくに「精神的な惨めさ」の拡大と関連している。所得の多寡によって豊かさと貧しさを意味づける現代消費社会では、諸個人は他人よりも多

(43)ステファァーノ・バルトリーニ『幸せのマニフェスト――消費社会から関係の豊かな社会へ』中野佳裕訳・解説、コモンズ、二〇一八年。

くの富を獲得しようと経済競争を繰り返す。ところが、富裕層の生活水準にはいつまでも追いつくことができず、常に不満と惨めさをかかえることになる。精神的な惨めさの問題の核心は認識論の次元にある。市場経済依存の社会においては豊かさの意味が経済的次元に還元され、人間の社会生活の基礎的な領域を構成する関係性の豊かさの重要性を認知できなくなっているのである。

この悪循環を断ち切るためにも、バルトリーニが指摘するように、先進諸国は社会発展の目標を富の際限なき追求から関係性の豊かさの追求へと転換しなければならない。しかし、それだけではない。ラーネマの議論を援用するならば、豊かさの意味の転換は貧しさの意味の転換も伴う。貧しさを購買力の欠如と同一視する近代資本主義経済の認識枠組みを相対化し、関係性の欠如が引き起こす人間生活の質の悪化をより根本的な問題として認知していく必要がある。そして、経済成長によっては代替不可能な社会関係の果たす役割を識別し、関係性の豊かさを維持する社会を創っていく必要があるのだ。

貧しさと豊かさの同時的転換の必要性は、先進国において市場経済から排除された人びとの間でもっとも切実な問題として現れている。日本では一九九〇年代後半以降の労働市場の規制緩和で非正規雇用の割合が増加し、多くの不安定労働者が生存権を剥奪された貧困状態に陥った。

『反貧困』(二〇〇八年)の著者・湯浅誠が指摘するように、不安定労働者の貧困に共通して確認されるのは、「人間関係の溜め」の欠如である。(44) 彼らはコミュニティの人間関係や家族関係から孤立しているがゆえに、雇用のセイフティネットから排除された途端、すべり台を落ちるように生存ライン以下の貧困に陥ってしまう。この問題に立ち向かうために組織された反貧困ネットワークの取り組みは、孤立した貧困層の周囲に支え合いの社会関係を構築し、当事者が貧困から抜け出す条件を整えることを目指している。

貧困や格差の問題は他の先進諸国でも深刻だ。二〇〇八年の米国発金融危機は先進諸国にドミノ式の不況をもたらし、若年層を中心に失業率が急上昇した。その直後に明らかになったのは、恐慌であるにもかかわらず世界の一％の富裕層が巨額の富を独占している不公正な現実である。グローバルな格差問題への抵抗は、二〇一一年三月にスペインのマドリッドで「怒れる者たち！（Indignados.）」と呼ばれる社会運動となって現れ、同年一〇月には米国ニューヨークのウォールストリート占拠（Occupy! Wallstreet）運動へと波及した。その影響は即座に先進諸国の主要都市に拡散し、いまや経済の民主化と公正な社会の実現に向けた社会運動の出現は後を絶たない。

興味深いのは、スペインの「怒れる者たち！」やヨーロッパ主要都市で行われた占拠運動に参加した市民が、その後に脱成長や連帯経済などのローカリゼーション運動に関わるようになっている点である(45)。彼らはより高い経済成長による雇用や所得の増加に期待するのではなく、関係性の豊かな地域社会で簡素に生きることを選んでいる。協同組合や社会的企業が担う連帯的な経済活動に参加し、非貨幣的な交換活動を増やし、市場経済依存の生活から抜け出そうとしているのである(46)。先進国の内側で現れているこれら草の根のオルタナティブな経済活動は、ラーネマが探究していた「貧しき者たちの力能」の実践例の一つで

(44) 湯浅誠『反貧困――「すべり台社会」からの脱出』岩波新書、二〇〇八年。
(45) たとえばフランスでは、二〇〇八年の金融危機後に有機農業の産直提携運動を促進するアソシエーション「AMAP」で働く若者の数が増加した。また、スペイン・カタルーニャ地方では、反資本主義活動家エンリック・デュランを中心に、脱成長を理念とするカタルーニャ総合協同組合（CIC）が設立された。詳細は、拙稿「成長から生活の自治へ」（『現代思想』二〇一三年一二月号、一九六～二〇二ページ）を参照されたい。

あると言える。

経済的繁栄こそが幸福な生活を導くと信じてきた近代文明は、過剰に発展した消費社会の段階に達した現代において、近代の初期に否定したもうひとつの貧しさの意味を再評価しなければならない時代に突入している。わたしたちは、関係性の貧しさこそが人間を不幸にするという見方を真摯に学び直し、市場経済依存の生活が壊してきた社会関係を現代的に再創造していく必要がある。それはまた人間の生活におけるコモンズの役割を再評価し、その尊厳を回復することでもある。

ラーネマの思想は、経済発展の夢の挫折に苦悩する現代消費社会において参照すべき思考の物差しを提示している。ただし、その物差しは、現代人が囚われている貧しさの観念との断絶を示唆するだけに、痛みを伴う。消費社会の権力の論理にしたがって生きるのか、それとも「貧しき者たちの力能」に覚醒して自律的に生きるのか——ラーネマの著作が残したこの問いは、二一世紀の人類が向き合わねばならない大きな課題であり続けるだろう。

(46) 市場経済依存から抜け出すことは、市場経済が経済生活の組織化に果たす建設的な役割の否定ではない。近年の連帯経済研究では、市場経済、政府の公共政策、市民のアソシエーション活動の間を接合させることで、「ハイブリッドな経済システム」の構築が模索されている。経済のハイブリッド化については、ジャン＝ルイ・ラヴィル編『連帯経済――その国際的射程』(北島健一・鈴木岳・中野佳裕訳、生活書院、二〇一二年)を参照されたい。また、社会的企業の活動に関してハイブリッド化を議論している研究書としては、藤井敦史他編著『闘う社会的企業――コミュニティ・エンパワーメントの担い手』(勁草書房、二〇一三年)が参考になる。

# 世界をケアする知の営みを、いまこそ

欧州に暮らす知人から、昨今の債務危機の様子を知る機会があった。危機の影響はＥＵ加盟国の民衆生活にすでに現れ始めている。各国政府の緊縮策は雇用や社会保障を直撃した。職を失うおとな。学校教育を受けられなくなる子ども。差別を受ける移民と外国人居住者……。

知人の言葉の向こう側に、かつて七年ほど暮らしていた英国やその間にたびたび訪れた欧州大陸で出会った人びとの姿が浮かぶ。政治と哲学を共に学んだ学友たち。パリやロンドンの街頭を共に歩いた数万人の人びと。凍える冬の空のブライトン（英国）でビッグ・イシューを販売していたホームレスの青年男性。レンヌ（フランス）の会議で交流した地元の工場労働者や市民活動家。パリのメトロでお金を稼いでいた親子連れ。欧州各地に住んでいる友人とその家族。ブリュッセルやパリのコインランドリーの待ち時間に出会った地元の人たち。母国の金融危機を逃れてパリで質素な生活を続けていたアルゼンチンの友人。

みんな、どうしているだろうか。彼ら・彼女らの家族は、子どもの未来は、どうなるのか。どうか生きていてほしい。

息は詰まり、心はめちゃくちゃ。これまでの十数年間、グローバリゼーションやテロとの戦争がもたらした欧州社会の、そして世界の変化に、どれだけ涙を流したことか。剥き出しになった生存の問題を訴えかける無数の声がどこにいてもこの身体を揺さぶっているようで、言葉を失い、壊れるほどに泣いてばかりいた。学問とはいったい何を語るものなのか、煩悶せずにはおれなかった。

世界規模で拡大する貧困と剥奪。その深刻さをメディアや国際機関は統計的に表示する。しかし、わたしたちが直視しなければならない苦しみは、具体的な顔をもった人間の、一回かぎりの生がかかえる歴史と記憶に関わる苦しみである。生命の唯一性は、数字の「1」では表象されない。貧困や剥奪の現実は、統計学的な足し算ではその大きさも意味も伝えることができない。一人ひとりの交換不可能なアイデンティティと向き合い、そこから学問を試みるとき、私の身体は得体の知れない感情の波で押しつぶされそうになる。

人は、思惟せずには生きることができない。だが、我思うが故に我在るのではない。我生きるが故に我思うのである。人は他者との交換の中で生を営む。生命活動は根本的にパトス的である。あらゆる思惟や論理は、生きるという営みの根底を支えるこの身体的な感受性の中から生まれる。身体性を離れた思惟や論理は、単なる言葉の技術学に堕してしまう。

善く生きるためには友愛(フィリア)の倫理に従うべきだとアリストテレスは説く。このことは学問においても真実であろう。友愛に導かれることなしに、学問は成立しない。私の人生が、私の生きるこの世界に共に存在するあらゆる他者との感性的な交換の上に成立するということの自覚なしには、知識は存立しえない。知を愛する営みは、他者との共振を可能にするこの世界を愛する営みとして現れなければならない。

初出：『Kototoi』Vol.2、菊谷文庫、二〇一二年三月。

第３章

# 精神の地域主義

## セルジュ・ラトゥーシュの思想との出会い

故郷の山口県光市室積の御手洗湾(左上)、在りし日の中野昌晃堂(右上)、銘菓・鼓乃海(右下)、和菓子の生地を練る道具(左下)(著者撮影)

大学講義や市民講座でセルジュ・ラトゥーシュの脱成長について報告を行うと、しばしば「どのようにしてこの思想と出会ったのか」とオーディエンスから質問を受ける。振り返れば、私がラトゥーシュのような思想家に魅了された背景には、幼少のころから直観的に感じていた経済や地域開発に対する疑問がある。自分の人生を公に物語ることは好むところではないが、そのような語りであるからこそ伝わるものがあるかもしれない。これから少し、私の個人的な経験の世界から脱成長について述べてみよう。

## 1 地域の原風景

私が生まれたのは、ちょうど四〇年前の一九七七年である。生家は山口県光市の東端にある室積《むろづみ》半島にあり、江戸時代末期から中野昌晃堂《しょうこう》という和菓子屋を営んでいた。室積半島は瀬戸内海に臨む小さな半島である。元は海に浮かぶ島だった大多和羅山《おおたわらやま》(通称・峨眉山《がびざん》)が、海水の運ぶ砂によって陸地とつながることで出来上がった。戦後を生きた地元の詩人・磯永秀雄は、この半島の誕生の伝承を、神話を思わせる美しい詩にしたためている。

室積半島から見える瀬戸内海の風景は、不思議な遠近感覚をもたらしてくれる。澄み切った晴れ空が広がる日には、半島の東に位置する御手洗《みたらい》湾から真南に約一五キロのところに祝島《いわい》、そのさらに南には愛媛県の海岸線、遠く南西には大分県の国東《くにさき》半島が見える。地図の上でまったく離れた土地にある四国や九州が、家の裏の海から眺めると小さな箱庭の中に飾られたオブジェのように接近してくるのだ。

古くから海上交易が発達していた瀬戸内海において、室積半島は漁業が盛んで、その港は中世のころから風待《かざまち》の港（嵐を避けるために一時停泊する港）として利用されていた。江戸時代中期には北前船が止まり、交易の要衝として商業も発展していく。

北前船は半島の南端に位置する普賢寺が管轄する港に停泊し、物資の交易が行われた。こうして室積村は普賢寺を中心に、南から北へと市《いち》を拡大させていく。その痕跡はいまも地名に残されており、たとえば半島の付け根にあたる山間《やまあい》の集落は、普賢寺の市が延長した先にできた場所ということで、市延《いちのべ》という名前がつけられている。

普賢寺から北へ八〇〇メートルほど真っすぐ伸びる海商通りには、醤油造りや砂糖の卸売りで繁栄した豪商が商いを営んでいた。海商通りの北端に位置する実家の和菓子屋は、嘉永五（一八五二）年の創業だ。室積・柳井地域の商家に特徴的な白壁格子造りの町屋であり、正面から見ると城のような佇まいをしている。宮大工によって建てられたこの家は、釘を一本も使っていない。加工された松の木を組み合わせて骨組みを作り、それを土台となる石の上に乗せてバランスをとる構造になっている。地震のときは、家全体が菱形に揺れて衝撃を分散させる仕組みだ。

そして、半島を囲む海から吹く東風、南風、西風を家の中に取り込む設計になっており、土地の地形を活かした空調設備を備えている。子どものころから家の中庭で過ごしていると、一日の中で家に吹き込まれる風の匂いと流れを感じながら、時間の経過や天気の変わり目を知ることができた。

室積半島での生活を通じて、私は独自の地域像をもつようになった。「地域」という言葉を聞くと、自治体などの行政単位で仕切られた空間を指すのではないかという人が多い。しかし、私は昔から自分のことを「室積人」として自覚するほうが多く、光市民としてのアイデンティティは希薄だった。というのも、光市ができたのは太平洋戦争中の一九四三年で、それまで室積は一個の独立した自治体だったからだ。室積の歴史を知れば知るほど、私のアイデンティティは光市から遠ざかり、室積半島とそこから広がる瀬戸内海の島々へと接近する。

室積半島の人びとの生活は、光市という自治体がつくられるずっと前から、近隣の島々(牛島、祝島、周防大島)や四国、国東半島の住民の生活と海上交易を通じてつながっていた。交易のネットワークはさらに広がり、奄美大島や遥かその先にある東アジアや東南アジアへと延長される。「地域」について考えるとき、私の脳裏に浮かぶのは、このように複数の陸地や島を多様なままに結ぶ内海のイメージである。一つの場所に生活の拠点を置きながらも、海の向こうに生活する他者との出会いを待ち受けて、常に意識を外部へと開いておくような生き方を可能にする空間のことである。

近代的な行政単位で仕切られた社会空間や地縁・血縁で結ばれた閉鎖的な共同体は、私にとって無縁だった。それゆえ、企業誘致型の地域開発——それは自治体単位で、陸地を中心に行われる——と私のもっている環瀬戸内海文化圏としての地域像の間には、常に感覚的なズレが生じていた。

和菓子屋で先祖代々作られていた名物が「鼓乃海《つづみ》」と呼ばれる饅頭である。外側にニッキを幾重にも塗って焼き上げた伝統和菓子だ。江戸末期に室積を訪れた毛利元昭公に献上した際、半島の先にある鼓ヶ浦という浜にちなみ、毛利公によって名付けられた。なぜ鼓かというと、浜の岩場の洞窟に寄せる波音が、「ぽーん、ぽーん」と鼓を叩く音に似ているからだ。

菓子作りは、一部機械化されていたとはいえ、基本的な部分は代々伝わる道具を使って手作業で行われていた。私は子どものころからその様子を観察する中で、職人の伝統技術が身体感覚に基づいており、機械技術や視覚中心の近代的認識方法には決して置き換えられないことを自ずと学んだ。たとえば、砂糖や小麦の重さを測る手段がそうである。父親の代で店を閉じるまで、我が家は江戸時代から使われていた分銅と秤を使っていた。単位はキログラムではなく貫目である。正確な重さは数値で視覚的に把握するのではなく、身体で覚えなければならない。父親はこうした感覚を五〇年にわたる職人人生の中で経験的に身につけており、抱えた荷物の重さや大きさを自分の身体感覚を基準に言い当てられた。

饅頭を包む和紙は愛媛県の和紙職人が、箱の包装紙は京都の職人が作っていた。これら西日本に広がる伝統職人業のネットワークに支えられて、「鼓乃海」は地元で愛される伝統和菓子として細く長く生き残ってきたのだ。ところが、日本が構造的不況に突入した一九九〇年代ごろから原材料の入手は年々困難となり、愛媛や京都の職人も後継ぎがいなくなった。饅頭を伝統ある形のままで残すことが不可能となっては、続けていても仕方ない。父親の健康状態も悪化した二〇一五年一二月末、約一七〇年に及ぶ和菓子屋の歴史は終了した。

## 2　経済に対する疑問の始まり

このような環境で育ったせいか、私は早くから地域の生活が多様な生業によって成り立つことを自ずと意識するようになった。小学生のころ、日本はバブル経済期を迎えており、消費主義が自由なライフスタイルの象徴としてもてはやされていた。企業経営も余裕があり、終身雇用制が当たり前だった時代だ。当時の日本では、学歴社会の階段を上って大企業に就職すれば生涯雇用と安定的生活が保証されるという、「昭和の成長主義の価値観」が強く信じられていた。

地方の生活は、とくにその傾向が強い。地域開発と言えば、大企業の工場や支店を誘致して雇用創出と都市化を進め、一刻も早く東京のような大都会に追いつこうとする画一的な発展観が普及していた。テレビをつければ、大都会の消費主義的生活を特集する番組が洪水のように流れている。東京で学生時代を過ごした両親からは、田舎と比べた大都市の便利さや選択肢の豊富さを聞かされていた。とにもかくにも、大都市の生活水準を基準に地方の不便さや遅れを語るというのが日常化していたのだ。

しかし、都会の生活に憧れる一方で、自分のアイデンティティが室積半島特有の風土に深く根差していたことも否定できない事実である。半島を取り囲む豊かな自然、街並みが伝える伝統職人業と文化の痕跡、祖母や両親、近隣住民や地元のお寺の住職から聞いた民話や伝承の数々は、幼少のころから私の日常生活に大きな意味を与えてきた。

何よりも、実家の家業をとおして見えてくる伝統技術の特異性や、西日本に広がる職人ネットワークの存在は、地域文化に根差した経済がどういうものかを教えてくれた。伝統的な物づくりは地域の風土的個性から生まれるので、画一的な方法で導入される大規模な工業的生産システムとは異なり、具体的な場所や作り手の身体の制約を受ける。すべての経済活動が商品の大量生産と利潤の最大化を追求しているわけではない。身の丈の規模で生産することで、何世代にもわたって細く長く続く経済活動も存在する。

私は実家の家業と室積半島の歴史に誇りをもっていたから、大都市の生活に憧れる気持ちがある反面、大企業のビジネスを中心に経済を語る世間の画一的な経済観や、東京のような大都会に対して室積のような小さな田舎町を発展に取り残された町とみなす言説には、子どもなりに強い反発心をもっていた。市場経済について疑問を持ち始めたのは、まさにこの実家の商売を通じてである。

子どものころから私は、実家の和菓子屋を二つの空間に区切って捉えていた。一つは、家の顔とも言える店舗の部分である。そこでは「鼓乃海」はじめ、商品となる和菓子が売られていた。もうひとつは店舗の背後に隠れている製造場である。そこは職人たちが手作業で和菓子作りに取り組むアトリエである。

製造場で和菓子が作られる様子を日常的に見ていた私にとって、物づくりは芸術作品の制作にも似た表現的活動にほかならなかった。和菓子作りには作り手の絵心が必要であるし、季節を表現する詩心も必要だ。気温や湿度の少しの変化で材料の触感や馴染みやすさも変わるので、その微妙な変化を身体で感じとり、味と形を一定の質に保つ技を経験的に覚えていかなければならない。それらさまざまな技術は、素材との感性的な結びつきから生まれる。この職人固有の身体知は、マニュアル化できない。

製造場という空間自体も、そのような身体知を支える重要な役割を果たしている。江戸時代に建てられた製造場には、和菓子作りに使用される古い道具の一つ一つがあるべき場所に置かれ、あるべき場所で使われる。生地を練る作業台、餡を寝かせる棚、和菓子を和紙で包む台、製造場と店舗をつなげる渡り廊下まで、すべてのパーツが和菓子製造の行為を前提に設計・配置されている。製造場という空間は、作り手の活動と独立して抽象的に存在するのではない。物づくりの行為を通じて作り手と道具の実際的な関係や距離が経験的に決定され、その結果として固有の空間が現れる。

製造場で見る「鼓乃海」の価値は、一つの記号で表すことができるものではなかった。その価値は実に多義的である。それは幾重もの有形・無形の技術の結晶であり、江戸時代の室積半島の交易の歴史と文化の産物であり、この和菓子の味と形が長年にわたって多くの人びとから信用を得られていることへの敬意であった。

ところが、あれは中学生の終わりか高校生の初めだろうか。ある日、店先で商品として並んでいる「鼓乃海」を見て、これまで考えたこともなかった疑問が生じた。「製造場では多様な物語や存在意義をもっているように思えた饅頭が、店に並んだ瞬間に価格という単一の記号で表現されるのはなぜだろうか」と。生産物が商品化された瞬間に、多様な意味を表出していた物づくりの具体的な場所性が捨象されて、価格とお金が支配する世界に入り込んでしまう。この事実に気が付いたとき、日常生活に対する市場経済の作用や支配力が気になり始めたのである。

経済が人間の行為の価値を決定するという現実に直面した私は、しだいに世の中を動かす資本主義経済の構造が気になり、それが具体的に人間の生活にどのような影響を与えるのかを考えるようになった。とはいえ、高校生の私に学問的な知識の素養はまったくなく、気になってマルクスの著作を手にしてはみたけれど、とても理解できそうにない。結局、三木清の『哲学入門』、風間喜代三の『印欧語の故郷を探る』などの新書、丸山圭三郎のソシュール論など興味のある文献を手あたりしだいに読み漁り、自分が大学に入って勉強したい分野の検討をつけるのがせいぜいだった。

その過程で直観的に閃《ひらめ》いたのが、むしろ経済学よりも言語学のほうが現実の理解を助けてくれるのではないか、ということだ。その理由は二つある。一つは、価格によって生産物を意味づける市場経済の作用が、さまざまな言葉や表現で社会関係を意味づける言語一般の作用と非常によく似ているように思えたからだ。もう一つは、経済をある種の言語活動と捉えたほうが、職人業や芸術活動のような表現を重視する生業の社会的性質をより正確に理解できるのではないかと思えたからである。

## 3 セルジュ・ラトゥーシュの思想との出会い

大学では経済学を専攻したが、興味をもって勉強したのは言語学や文学理論などの一般教養科目だった。なかでも第二外国語として選択したフランス語は、視野を広げる大きなきっかけとなる。

私が大学生だった一九九〇年代後半は、英語圏を中心にグローバリゼーションの言説が世界中に普及していた時代である。その中心に位置する米国では、IT革命によって新しいビジネスモデルが次々と誕生し、**ネットワーク社会**という概念が現れていた。翻って日本は、一九九〇年代初頭にバブル経済が崩壊し、長い構造的不況が続いていた。私の故郷でも、過疎化・高齢化に加えて商業の衰退や大手企業の経営不振が深刻化。帰省するたびに商店街がシャッター通りへと様変わりし、工場の事業も縮小される様子を見聞きしていた。家族からは「地方には仕事がないから、就職したければ東京に行くしかない」と繰り返し聞かされた。活力を失っていく故郷を前に、自分は東京に残るしかないと思い、グローバリゼーションの波に乗って、米国の都市でノマドみたいに生活してみたいという願望も強く抱いていた。

しかし、フランス語を継続して勉強し、時事フランス語や経済仏書講読を受講し始めたころである。『ルモンド』の特集記事やテレビ局フランス2の特別番組を通じて、フランスにはグローバリゼーションを「単一的思考（la pensée unique）」として批判する知識人や反グローバリズムの社会運動が存在することを知った(1)。また、同時期に受講していた経済学説史の講義や経済発展論の専門ゼミを通じて、ラテンアメリカ独自の開発理論が存在することも知った。これら非英語圏の思想文化に触れることで、グローバリゼーションの名のもとで普及する自由市場経済モデルが英語圏——とくに米国・英国——に固有の思想文化に由来するものであり、必ずしも普遍性をもたないことを意識するようになったのである。

経済の問題は根本的には認識論の問題であり、経済学の枠組みが私たちの物の見方を支配することから生じる権力構造についてこそ考えなければならない——このような結論に至った私は、経済についてもっと哲学的かつ学際的に考える必要があると感じるようになった。だが、大学で学ぶ経済学の専門科目の多くはあまりにも蛸壺化していて、学際的なアプローチを受け付ける余地などない。すでに、構造主義以後の言説分析理論や精神分析理論が経済システムの意味作用やイデオロギーの分析に役立つことを直観的につかんでいた私にとって、これはとても窮屈に感じられた。

セルジュ・ラトゥーシュの思想と出会ったのは、そのようなタイミングである。フランスに留学している友人を訪ねて数週間ほど現地に遊びに行ったとき、彼の国の地方のもつ気質が日本のそれと大きく異なることに驚いた。私は日本の地方に対して、中央ばかりを向き、大都市の生活の模倣に一生懸命になっているという印象をもっていた。都市化と近代化を目指して盲目的に地域開発を行うが、大都市のような経済成長のダイナミズムをいつまで経っても生み出せない。日本の地方は常にコンプレックスをかかえているように思われたし、私自身もコンプレックスを少なからず内面化していた。

ところが、フランスの地方都市で出会った人びとは、首都パリに対してコンプレックスをもつわけでもなく、地元の暮らしを楽しみ、地域独自の食文化や自然環境に誇りをもっていた。何よりも印象的だったのは、学問の分野においても地域分権が進んでおり、地方の各大学に進歩的な研究を行う研究者や研究グループがいて、地域社会に即した実証研究や理論研究が行われている点である。たとえば私が訪れた当時のリヨンでは、補完通貨の社会的実験が市民グループの間で始まったところであり、リヨン大学の経済学者がその研究を行っていた。

後に知ることになるのだが、フランスでは地域主義の長い歴史的伝統があり、とくにローヌ地方（南部）、ガスコーニュ地方（南西部）、ブルターニュ地方（北西部）では、社会主義やアナーキズムなどの左派の社会運動の影響のもとで、地域の自治を求める多様な社会的実験や思想が生まれていた。アグロエコロジー、連帯経済、脱成長などの思潮も、こうした土壌の中で生成していたのである。

日本の学問の世界は政治の世界と同様に中央集権的で、東京・京都・大阪の有名大学を中心に全国的なヒエラルキーができている。それぞれの地域の文脈で新しい思想や学問をつくっていくフランスの知的土壌に触れて、日本でもフランスのように、首都圏の大学の権威を度外視して、地方の大学から独自のムー

---

（1）フランス語でglobaliserという動詞は「全体化する」という意味があり、globalisationは「市場経済によって全体化する」という含意を帯びる。そのため、当時のフランスの左派系知識人（エマニュエル・トッド、アラン・トゥレーヌなど）の中には、英語圏から輸入されたglobalisationと二〇世紀初頭からフランス語に存在するmondialisationを区別して使う人もいた。前者はいわゆる「グローバリゼーション」のことで、市場経済の地球規模での拡大を意味する。後者は多様な文明・文化の交流によって「一つの世界」という意識が地球規模で共有されるようになることであり、「世界化」と訳される。ただし、現在では、英語のグローバリゼーションの直訳としてフランス語のmondialisationを使用することが慣例化している。

ブメントをつくっていけるようになればいいのだが、と思ったりもしていた。だから、フランスの経済学分野には開発やグローバリゼーションの構造的問題を哲学的に考察している研究者がどこかにいるにちがいないと見当をつけていた。そのような学者は地方の大学にこそいるだろうといろいろ探しているうちに出会ったのが、当時リール大学で教鞭をとっていたセルジュ・ラトゥーシュである。

初めて手にしたラトゥーシュの著作は、一九九五年に刊行された『メガ・マシン——科学技術理性、経済的理性、進歩の神話』(2)だった。主流の開発理論の根底にある進歩の神話の限界を、近代ヨーロッパの技術思想と経済思想の批判的考察を通じて検討した一冊である。各章では、英米の正義論の限界が論じられたり、持続可能な開発の理論的矛盾点が明らかにされたりしている。

ラトゥーシュの思考の方法と文体は、アルチュセール、フーコー、ドゥルーズなど先輩格にあたるフランス現代思想の大家と比べると、決して洗練されてはいなかった。試行錯誤の痕跡がそのまま記されたような箇所もある。だが、開発やグローバリゼーションの問題を西洋文明が生み出した世界認識枠組みの問題として明確に措定し、それを根本から批判して相対化する思考の方法を素手でつくっていく彼の態度は、私の目を大きく開かせた。

自分がこれまで持ち続けていた問題意識は間違っていなかったという確信とともに、「この人の思想を最後まで追いかけていきたい」と強く心を動かされたのである。学生時代にさまざまな思想家の本を読んだが、自分をここまで虜にさせたのはラトゥーシュただ一人だった。彼の著作との出会いのお陰で、私はようやく自分の問題関心を自由に語れるような気がし始める。

とはいえ、大学三年生の私がラトゥーシュの思想を研究するには多くの難点が立ちはだかっていた。フランス語能力は不足していたし、現代思想の理解も浅く、理論的思考も弱かった。そして、もっとも致命的なのが、子どものころからじっと机に座って勉強することが苦手で、どちらかというと直観と経験を頼りに考え、歩いて躓きながら学ぶような性格である。そこで、かねてより注目していた英国エセックス大学大学院の修士課程で政治理論と言説分析の社会的応用を学び、理論的思考を鍛えた後にラトゥーシュの思想について研究しようと決めたのだ。

## 4 英国留学で学んだこと

英国留学中は紆余曲折の連続だった。とくに博士課程で在籍したサセックス大学では、まだ英語圏では誰も研究したことのないフランスの思想家に関して理論研究を行うことに、最初の数年間はなかなかサポートを得られなかった。

しかし、私はどうしてもこの論文を英国で仕上げたかった。英語圏の社会科学者が英語以外の言語で書かれた文献——とくに思想文化の違いが顕著に現れる思想書——を原書で読まずに研究していることに反発心があったし、この稀有なフランスの思想家の議論が英語圏の開発学でどこまで通用するかを試してみたかったからだ。また、英語もフランス語もネイティブではない一介の日本人研究者がこれら二つの思

(2) Serge Latouche, *La Mégamachine, Raison techno scientifique, Raison économique, et mythe du progrès*, Paris, La Découverte, 1995.

想文化を往来することで、それぞれの特徴と限界を冷静に見極めることができるのではないか、とも考えていたからである。

幸い、サセックス大学の学際的でリベラルな環境と、権威主義や形式主義を嫌う指導教官たちのお陰で、英国で初のラトゥーシュ思想に関する研究論文を仕上げることができた。このPhD論文では、フランス語や英語はもちろん、スペイン語やイタリア語で刊行されたラトゥーシュの著作も読み込んだうえで考察を進めている。

武者修行のつもりで英国以外のヨーロッパ各地の大学を訪れ、現地の哲学セミナーなどを聴講しながら資料を集めていった。大学院時代の良い思い出は、研究の過程で多くの著名な哲学者や同年代の研究者と交流できたことである。社会問題を哲学的に議論し、多言語でコミュニケーションをとるヨーロッパ大陸の知的環境は素晴らしい。そのような環境の中で自分も遜色ない研究を行わなければならないと、ある種の覚悟のようなものが生まれていく。

もっとも、大学院時代は英語の習得に相当振り回された。フランス語圏の研究者に特有の思考法、とりわけその文学的な表現や語彙のニュアンスを英語の論理や思考法に則りながら説明するために、何度も論文を書き直した。指導教官から常々言われていたのは、「分析哲学者が納得するような文章でフランス現代思想を説明できるようになれ」である。また、ネイティブの英国人と比べて遜色ない英語を話せるようになるために、指導教官の勧めで地元の演劇俳優や語学教師にお願いして、発声法も含めた発音、アクセント、リズムの矯正トレーニングを二カ月間ほど行った。

博士課程の間に私の理論的思考はずいぶんと鍛えられたし、語学力の面でも大きく前進できた。何よりも、事例研究や政策研究の多い開発学分野において本格的な思想研究を行った私に、「これからの開発学は哲学が重要な役割を果たすから」と開発学のPhDを与えてくれた所属研究科の見識の広さには、いたく感動した。

英国に留学した二〇〇一〜〇八年は、9・11同時多発テロやイラク戦争によってヨーロッパ社会全体が混乱した時代である。「テロとの戦争」の名のもとで市民に対する政府の監視が強化され、宗教、出身国、肌の色、名前によって移民や留学生の出入国管理が行われた。やがて、この監視の抑圧的な視線はヨーロッパの市民生活を支配するようになり、寛容さや多文化共生の理念が大きく動揺する息苦しい日々が続く。市民の自由と学問の自治、そして民主主義文化の回復を求めて、私は同僚たちとヨーロッパ各地の反戦運動や**世界社会フォーラム**（二〇〇一年〜）などの反グローバリズム左派の社会運動に参加し続けた。市民的不服従は理屈で語るものではなく、実際の生活の中で表現するものである。

ストリートとキャンパスを往復して研究を進めたお陰で、社会運動の場から思想を解釈し、再構成していくことの重要性を肌身で感じるようになる。その経験が私に、人間の行為における思想や理論の役割を教えてくれた。社会運動に参加しなかったならば、ヨーロッパの民主主義思想の核にある社会闘争に対する情熱（パッション）を感得できなかっただろう。また、思想や理論が実践との弁証法的関係において初めて生きたものとなることも、実践の中で自由に解釈され、人間の行為を解放していくのが思想や理論の本来の役目であるということも、知ることはなかっただろう。

留学時代に学んだもう一つの重要なことは、哲学や思想におけるレトリックの大切さである。日本で学生時代を送っていたころは、ヨーロッパの哲学書・思想書を日本語訳で読み進めると、難解で抽象的な概念にぶつかり、その理解にいつも苦労していた。だが、英国に滞在して、英語、フランス語、スペイン語、ポルトガル語、イタリア語の本を読んだり、これらの思想文化に関する研究書を調べたりするうちに、哲学・思想の専門用語が、日常生活で使用されている言葉を部分的に抽象化して概念に仕立てたものであることがわかってきた。

とくに、フランス語をはじめとするラテン語圏の言語文化ではその傾向が強い。フランスやイタリアの哲学書・思想書を読むときは、コモン・センスとして分有されている日常的な意味を哲学用語の背景として知っておかねばならない。(3) この事実がわかってから、これらの言語圏の文献を読む際は、哲学用語を日常経験から離れた技術用語として扱うのではなく、日常言語の豊かな意味が反映された、多彩な色調と肉感をもった言葉として接するようになった。そのお陰で、研究対象としている社会思想の言葉をよりよく理解できるようになった。

## 5 脱成長は世界をどう変えるのか？

ラトゥーシュが脱成長をスローガンに掲げて独自の地域づくりの理論を構想し始めたのは、私が英国に留学していた時期と重なる。脱成長をめぐる議論は当時南フランスやイタリアの地方都市などで浸透し始めたばかりで、現在のように国際的な認知を得るまでには至っていなかった。ラトゥーシュの筆によって脱成長の初の本格的な理論書『脱成長の賭け』(4) が刊行されたのは、二〇〇六年のことである。

当時の私は二〇〇三～〇六年の間にスイスのジュネーブやフランスのリヨンで開催された脱成長に関する最初期のシンポジウムや社会運動に参加していたが、この出現したばかりの思潮について学術的な検証を行う余裕はなかった。したがって、私がPhD論文で研究したのは、脱成長を提唱する直前までの一九六〇年代から二〇〇〇年代初頭にかけてのラトゥーシュの著作である。脱成長に関しては帰国後、日本からヨーロッパを眺める形で研究を進めた。

私が手掛けた二冊の邦訳書[5]を通じて、ラトゥーシュは脱成長の中心的な理論家として日本に紹介されることとなった。だが、彼の五〇年以上にわたる思索活動を考慮すれば、その豊かな思想の地層を脱成長の名だけで語ることは到底できない。実際、彼の脱成長理論の主要テーマを理解するためには、『脱成長の賭け』以後の一連の著作を、それ以前に発表された経済学批判、開発批判、科学技術批判、グローバリゼ

---

（3）私の研究に近い分野の例を挙げると、イリイチのコンヴィヴィアリティ(conviviality)がある。この語をフランス語でコンヴィヴィアリテ(convivialité)と表現すると、より生活感にあふれる意味が出てくる。それは、食卓を囲んで友人たちと和気あいあいと楽しい時間を過ごす様子を想起させる。また、partager(分かち合い)、la joie de vivre(生きる歓び)、vivre ensemble(共に生きる)、la bonne vie(良い生活)、bien vivre(良く生きる)、amitié(友情)など、楽しみを生み出す社交性を表現する他の言葉とも響き合う。学術用語として「自立共生」と訳すと、このフランス語がもつ多彩な生活感覚が抜け落ちてしまう。共同体や地域社会を意味するイタリア語のコムニタ(comunità)も同様である。この語がcomune(自治体)、bene comune(共通善、コモンズ)、cittadino(市民)とともに使用される様子を考慮すると、ドイツの社会学者テンニエスの「ゲマインシャフト(伝統共同体)からゲゼルシャフト(近代市民社会)へ」という図式に当てはめて、コムニタを近代以前の共同体概念と同一視することはできない。

（4）Serge Latouche, *Le pari de la décroissance*, Paris, Fayard, 2006.

（5）セルジュ・ラトゥーシュ『経済成長なき社会発展は可能か?』(中野佳裕訳、作品社、二〇一〇年)、『〈脱成長〉は、世界を変えられるか?』(中野佳裕訳、作品社、二〇一三年)。

ーション批判の著作と突き合わせなければならない。

フランスにおいてもしばしば誤解を招くのが、脱成長（décroissance）が提案する未来社会のビジョンである。このフランス語はもともと「縮小」や「削減」を意味し、ジャーナリズムの経済記事では景気後退によって起こる経済規模の縮小を示す言葉として使用されることがある。ラトゥーシュがこの言葉を最初に掲げたとき、彼の研究仲間の間でも驚きとともに否定的な印象で受けとめられたのも理解できる。

しかし、ラトゥーシュが décroissance をマイナス成長とはまったく異なる意味で使用していることは、その著作でたびたび説明されている。たとえば『〈脱成長〉は、世界を変えられるか？』では、経済成長を意味する croissance と発音が近いフランス語として、croyance（信仰）という語に触れている。そして、過剰消費社会が引き起こす生存の危機を是正するためには、何よりもまず、経済成長の際限ない追求が幸福な生活を導くという信仰の呪縛から解放されなければならないと主張する。(6)

ここから導き出されるのが彼独自の décroissance の意味である。décroissance は単なる「縮小」ではなく、croyance の対義語である décroyance の意味も含み、「経済成長に対する盲目的な信仰を止めること」と解釈される。経済的繁栄を目指して大量生産・大量消費の生活を推進するように組織された社会システムから脱出すること、つまり「脱経済成長パラダイム」である。パラダイム論から研究を出発させたラトゥーシュらしいレトリックであると言えよう。

たしかに、現代消費社会のさまざまな構造的暴力の根底には、認識論的な問題が存在する。たとえば、他人よりも多くの富とステータス・シンボルを所有することを豊かさとみなす社会では、諸個人の消費は際限なく拡大し、経済競争の激化による生き辛さの増加や社会関係資本の衰退、資源浪費や大量廃棄による地球環境破壊の深刻化に歯止めがかからなくなる。消費主義的生活の悪循環を断ち切るには、豊かさを経済的な富と同一視する近代産業社会の物の見方を相対化しなければならない。そして、経済学の認識世界から捨象される人間生活の基本的要素——他者との協力、コミュニティにおける相互扶助、自然界の生命循環——を、より根源的な豊かさとして認めていく必要がある。

そのためには、経済成長を際限なく追い求めていくように組織されている現代消費社会の言説制度を解体し、これまでとは異なる眼差しで生活を見つめ直し、異なる論理で生活をデザインし直す必要がある。ラトゥーシュが脱成長を、言葉の秩序（次元）と物の秩序（次元）の二つの水準において経済成長パラダイムとの断絶を目指す試みであると述べるのは、このような理由からである。(7)

ここでいよいよ問題となるのが、経済成長パラダイムから脱出した後の社会——脱成長社会——の具体的な展望だ。ラトゥーシュは単一の原理によって脱成長のイメージを固定化することを防ぐために、それぞれの地域の文脈に応じて脱成長社会が多様な形で描かれることを期待している。だが、彼特有の言い回しで「〈脱成長〉は〈脱成長〉社会においてのみ思考可能である」(8)と説明されても、到底納得がゆくものではない。なぜなら、問題は脱成長社会が立脚するパラダイムの基本原理の具体的内容であり、それを〈脱成長〉と形容しても積極的な思考の土台は構築されないのだから。

私はこの問題に数年間取り組んでいたものの、なかなか決定的な言葉と出会えずに悩んでいた。けれど

---

（6）前掲『〈脱成長〉は、世界を変えられるか？』七六ページ。
（7）前掲（6）、第2章。
（8）前掲『経済成長なき社会発展は可能か？』一四〇ページ。

も、脱成長理論を提案する以前のラトゥーシュの著作を何度か注意深く読み直していて、ようやく彼の思想の一貫したテーマとなる鍵概念を見つけることができたのである。

## 6 共通善再生の試み

私が注目したのは、彼が一九九一年に出版した『遭難者たちの惑星――開発の時代を克服した社会について』(9)である。ラトゥーシュの研究キャリアの中でターニング・ポイントとなった作品であり、それ以前の開発批判や西洋文明批判を総括し、開発の時代を克服したオルタナティブな社会――脱開発社会――の展望を積極的に探究し始めた記念碑的著作である。二一世紀に入って提唱した脱成長理論は、この著作で展開した議論の延長上にあると言ってよい。

同書の内容を簡単に説明しておこう。第二次世界大戦後、国際開発機関は西アフリカ社会の近代化と経済発展を目指して、さまざまな開発政策を導入してきた。開発政策はこれらの国々の首都を中心に都市化をもたらしたが、同時に都市の貧困とスラムの形成をもたらした。近代的な都市の内部と周辺には、インフォーマル経済の複雑な網の目が広がっている。世界銀行や国際通貨基金は、インフォーマル経済を近代化に取り残された後進的な経済部門とみなし、さらなる市場化を通じて駆逐しようと試みる。

しかし、ラトゥーシュによると、こうした主流派開発政策は、インフォーマル経済の中で暮らす人びとの創意工夫にあふれた生存戦略を適切に認識できていない。インフォーマル経済は都市スラムの住民の複雑な社会関係ネットワークで構成されており、その内部では多様な相互扶助の実践や補完通貨に基づく連帯経済が形成されている。むしろラトゥーシュは、開発政策から排除された「遭難者たち」自身の手によって創出されたこの自律的な生存経済の中に、開発の時代を克服した社会——脱開発社会——の潜在的な可能性を見出すのである。

では、脱開発社会はどのようにして具現化されるのか。ラトゥーシュによると、主流派経済学が採用する功利主義の原理と決別し、互酬性の原理の再生に努めなければならない。互酬性の原理は、西アフリカなどの南側諸国においては民衆の土着の生活にいまだ強く残っており、ヨーロッパなどの北側諸国においても市民のアソシエーション運動によって再生の芽が出てきている。これら民衆の草の根の運動に可能性を見出したラトゥーシュは、先進国と途上国の双方において互酬性の原理に基づく社会関係ネットワークを拡大し、市場原理によって単一化されないオルタナティブな社会の基盤をつくろうと提案する。そして、『遭難者たちの惑星』の結論部で、彼は**共通善**の再構築を新たな社会の目標として掲げる。

「幸福は多元的で複合的なものです。それは富の所有（l'avoir）よりも、人間としての在り方（l'être）に関わります。［……］良い生き方とは、快楽を人間関係の網の目に埋め込むことを意味します。感情、共感、友情、そして愛は、生きる歓び（jouissances）を生み出します。［……］空虚な功利に還元された幸福を最大化するのではなく、近代の後に来《きた》る社会（la société *post-moderne*）は、近代以前のさまざまな知恵がもつ中庸の理想に立ち返り、共通善（*le bien commun*）という古《いにしえ》の目標の実現を目指すのです[10]」

（9）Serge Latouche, *La planète des naufragés : Essai sur l'après-développement*, Paris, La Découverte, 1991.
（10）*ibid.*, p. 232.

近代西洋文明は個人主義に基づく幸福概念を生み出し、幸福を快楽、そして富の所有へと還元してきた。だが、近代化がもたらす経済的繁栄の夢が崩れたいま、この功利主義的な幸福概念と決別し、社会関係の豊かさから得られる歓びを新しい幸福の基礎としなければならない。そのような関係性に基礎を置く幸福は、共通善の地平において実現可能である。

興味深いのは、ラトゥーシュが脱開発社会を近代の後に来る社会――ポストモダン社会――とも形容している点である。欧米の社会科学においては、ポストモダン社会を情報化の進んだ高度消費社会と同一視するのが一般的である。この通俗的な理解と対照的に彼は、市場社会――およびその基底を成す個人主義と功利主義――を克服した社会としてポストモダン社会を描く。一方、彼の思想において「ポストモダン」の接頭辞である「ポスト」とは、近代産業社会の駆動力である単線的な進歩の時間軸との明確な断絶を示しており、わたしたちに認識論的な転換を促している。それは、これまで近代西洋文明が「遅れたもの」として否定してきた共通善の思想を、未来社会の礎として肯定していくことを示唆する。

私がこの引用文を決定的に重要であると考えるのは、これが二一世紀になって現れている世界各地の地域づくり(ローカリゼーション)の思潮に通底する理念をみごとに言い表しているからである。これまで市場経済のグローバリゼーションは、人間の生存基盤のあらゆる側面を商品化しようとしてきた。多国籍企業と金融資本によって進められる生命と生活の商品化の動きは、一九九〇年代初頭から北側諸国・南側諸国の民衆によるさまざまな抵抗運動に直面している。一九九九年にシアトルで起こったWTO会議に対抗する大規模なデモを契機に、市場経済のグローバリゼーションに対する抵抗運動はそのネットワークを強化していった。それ以降、世界社会フォーラムに代表される大規模なフォーラムが各地で展開され、生存権を奪われた民衆の声をメインストリーム化する試みが続けられている。

しかし、グローバリゼーションの流れを変えようとする運動は、ストリート上での一過性の抵抗運動だけではない。同時期にローカリゼーション運動が世界各地で進行し、反グローバリズムの沸騰したエネルギーを未来社会の構想へ向けた持続的なプロジェクトへと転換する受け皿を提供していた。南ヨーロッパに広がる連帯経済運動、英国のトランジションタウン運動、イタリアのスローフード運動などは、その代表的な事例である。これら新しい地域づくりの思潮は、行き過ぎた市場化が壊してきたコミュニティの社会関係や地域の食文化を紡ぎ直すことで、地域社会の自律的な生存基盤の回復を目指している。

この視座から見るならば、脱成長理論は共通善の実現を可能にするさまざまな思想の水脈を可視化していく試みであると言える。たとえばラトゥーシュは、二〇〇一年に刊行した『経済的理性の非理性』[11]において、近代科学や経済学が依拠する抽象的な普遍合理性（le rationnel）に代わるもうひとつの合理性として、道理性（le raisonnable）を積極的に評価する。道理性とは、古代ギリシャのアリストテレス哲学において賢慮（フロネーシス）と呼ばれた判断力に由来し、特殊具体的な状況で人びとの多様な意見を聴きながら慎重に判断する能力を指す。道理性は民衆のコモン・センスに根差した判断力であり、共通善を実現するために必要な条件である。

道理性の伝統は、南ヨーロッパの思想文化に脈々と受け継がれてきた。だが、科学革命から産業革命の時代にヨーロッパにおける学問の地政学的中心が南から北西に移行するに従い、その伝統は忘却されてい

（11）Serge Latouche, *La déraison de la raison économique : Du délire d'efficacité au principe de précaution*, Paris, Albin Michel, 2001.

く。代わりに台頭したのが普遍合理性である。普遍合理性は科学的知識と産業社会の発展に寄与した反面、民衆のコモン・センスから乖離した科学政策や経済政策が行われるようになった。こうした専門知識の一人歩きを防ぐためにも、道理性の伝統を再評価し、科学政策や経済政策を民衆のコモン・センスに埋め込み直す必要がある、とラトゥーシュは主張する。

南ヨーロッパの思想の再評価は、最近作の『〈脱成長〉は、世界を変えられるか?』においても確認される。同書の第3章では、アリストテレスの共通善思想を継承するアルノー・ベルトゥーの消費の経済学やイタリアの市民的経済学の潮流が紹介され、市場社会に代わるコミュニティ経済のアウトラインが素描される。また第6章・第7章では、脱成長の先駆者であるイヴァン・イリイチやコルネリウス・カストリアディスの思想をアリストテレス哲学の系譜に連なる「地中海的思想」と呼び、彼らが提唱する自己制御の倫理を積極的に評価している。

つまり脱成長理論は、近代産業社会が忘却した共通善の思想的水脈をヨーロッパの歴史の中から再発見・再評価することで、ヨーロッパ社会に自己転換を促す条件を整えようとしているのである。このアプローチは、消費社会の道をひた走ってきた他の先進諸国にも示唆するところが多いだろう。大量生産・大量消費の生活様式が人間の生存や幸福をもはや保証しなくなった現在、わたしたちはそれぞれの社会の歴史的文脈の中から共通善の思想——その中心には中庸と自己制御の倫理がある——を再発見し、それらを現代的に再創造していく必要がある。ラトゥーシュが強調するように。

「過去を再訪し、学び直すことは、脱成長プロジェクトの要石です。失われた記憶を取り戻すことは、人間を思考不能に陥れる巨大な産業社会(メガ・マシン)に抵抗するための大切な布石です(12)」

共通善再生の試みは、世界各地の地域づくりの実践の中にすでに芽生えている。大切なのは、多様な実践の中にある可能性を可視化し、未来社会の展望をデザインする思考の物差しを提供していくことである。ラトゥーシュの脱成長理論は、そのためのアイデアの宝庫として、これからも対話を続ける価値のある理論である。

## 7 地域に根を下ろして思索する——精神の地域主義へ

人は思想と出会い、思想によって生かされ、自らの思想を生きるようになる。〇代のころから経済に対する疑問をかかえて育った私は、学生時代に出会ったラトゥーシュの著作に突き動かされ、彼のたどった道を追いかけながら自分の学問の基礎を整えてきた。ラトゥーシュの思想との出会いは、私の学問人生にとって最高の贈り物である。彼の思想のお陰で、私は自分の学問を歩むことができている。

大学院で研究を始めたころから、この受け取った贈り物をどうやって返せばよいか常に悩んできた。しかし、それを明言するのは時期尚早であろう。それは、これからの私の生き方によって示される。ただし、一つだけはっきりと言えることがある。学問の道を歩み続けるにせよ、別の道を歩むにせよ、学生時代に一生涯向き合っていきたいと思える思想に出会えたことは、幸福な経験であるということだ。読者の

(12) Serge Latouche, *Les Précurseurs de la décroissance : Une anthologie*, Paris, Le passager clandestin, 2016, p. 11.

中に学生がいたら、こう伝えたい。どうか学生時代にそういう思想や学問と出会ってほしい、そういう出会いをもてたあなたは幸せだ、と。

日本に戻ってからの私は、脱成長理論と共鳴する南ヨーロッパやラテンアメリカの地域づくりの思潮について研究し、基本書の翻訳に取り組んでいる。同時に、日本で脱成長理論を議論していくための思想的土壌も探究してきた。その過程で注目するようになったのが、玉野井芳郎の地域主義と中村雄二郎の共通感覚論である。私が手掛けたラトゥーシュの二冊の翻訳書には、それぞれ長文の解説論文が収録されている。最初の訳書解説では玉野井の地域主義を、二番目の訳書解説では中村の共通感覚論を再評価する作業を意識的に試みた。

さらに、二〇一六年に出版した拙編・訳・著の『二一世紀の豊かさ』所収の論文(13)では、玉野井の地域主義が掲げた〈共〉の再構築というテーマを、中村雄二郎の共通感覚論の視座から現代的に変奏する作業を行った。なぜ、そのようなことを試みたのか。それは、ラトゥーシュの著作に玉野井の地域主義と中村の共通感覚論が交差するような議論がしばしば見られるのに対して、日本の現代思想においては両者の積極的な交流の上に地域主義や脱成長の議論が発展しているように思えなかったからだ。日本の地域社会の未来を革新的な視点から議論していくためには、玉野井と中村の思想を接合させて地域主義の理論的地平を広げる必要がある。

同論文で試みた知的実験を通じて、まず、玉野井の地域主義とラトゥーシュの脱成長理論が〈共〉の領域の再構築というテーマを分有することを明らかにできた。それだけでなく、現代世界において〈共〉を再構築していく際には、共通善を基礎とする〈共〉の政治、コモンズを基礎とする〈共〉の経済に加えて、共通感覚論を基礎とする〈共〉の美学（感性論）も発展させなければならないと指摘することができた。〈共〉の美学とは、コミュニティやコモンズの基底にある人間と物との感性的な関わりを研究する領域である。二一世紀の〈共〉を創造的に構想するためには、物に対する想像力、人間同士あるいは人間と他の生物との間の身体的・情動的コミュニケーション、そして生活空間を描く象徴的・表現的行為の役割を考察の対象にしなければならない。

実家の家業の経験を通じて物づくりの表現的次元に関心をもった私にとって、経済を考えるとは、人間と世界の感性的な結びつきを考えることにほかならなかった。ラトゥーシュに導かれながら自分なりに研究を深めていき、ようやく認識論と美学（感性論）の視点から人間の生活とその基盤となる地域のあり方について考える糸口をつかむことができたと思っている。

日本の西南の瀬戸内海に臨む小さな半島を飛び出し、開発とグローバリゼーションの時代の後に来《きた》る未来を探し求めて、ずいぶんと長い時間が経過した。不思議なことに現在の私は、自分の思索活動の原点である室積半島に自らの精神の根を自然に下ろすことができている。この精神の場所（トポス）から出発して、二一世紀の地域主義が演出する〈共〉の世界をどのように描いていけばよいだろうか。私の学問の旅は、再び瀬戸内海の小さな半島から始まるのだ。

---

（13）中野佳裕「〈南型知〉としての地域主義――コモンズ論と共通感覚論が出会う場所で」中野佳裕編・訳、ジャン＝ルイ・ラヴィル、ホセ・ルイス・コラッジオ編『二一世紀の豊かさ――経済を変え、真の民主主義を創るために』コモンズ、二〇一六年。

# 生命のリズムに耳を傾けて——ダニエル・バレンボイムの音楽論から

エドワード・サイードが他界して、二〇一七年の九月二五日でちょうど一四年が経つ。二〇〇三年五月、幸運にも私は、当時暮らしていた英国ブライトンで彼の講演を聴く機会を得た。それが私にとって最初で最後のサイードとの出会いだった。

それまで私は、学生時代より親しんでいた彼の著作とその知識人活動の経歴から、孤高の思想家のイメージを彼に抱いていた。しかし、眼前に現れたサイードは明朗闊達、司会者の質問を即座に理解し、機知に富む話をリズミカルに繰り出す社交の人だった。折しも英米主導のイラク戦争の只中で、欧米諸国には、9・11後に顕在化した非西洋文化に対する不寛容が拡大していた時代である。にもかかわらず、このパレスチナ系アメリカ人の文学者は、闘病生活の片鱗を見せることなく、多文化共存と対話の理想を情熱的に語った。

この講演でサイードは、親友の指揮者ダニエル・バレンボイムについて触れていた。バレンボイムはアルゼンチン出身のユダヤ人。サイードと同様、多様なアイデンティティをもつコスモポリタンな思想の持ち主であり、ベートーヴェンやワーグナーの優れた演奏のほか、哲学的示唆に富む音楽論を多く執筆している。私がとくに関心をもつのは、『バレンボイム音楽論』に収録されている、音の有限性についての考察である。

バレンボイムは言う。すべての音は静寂の中に消え去る。音の一生は有限であり、人間の一生と似ている。だが、人間の実人生とは異なり、音楽演奏では、音を通じて生と死の関係を手中に収められる。演奏後、指揮者は、一人の人生よりもずっと長い歴史を旅したような感覚におそわれる、と。

バレンボイムと共に私は、音楽の中で展開するあらゆることが、この世界のあり方や人間の生き方を問いかけているように思えてならない。音楽は有限な持続をもつ多様な音の連関であり、時間の中で展開する。楽曲の豊かさと秩序は、一つ一つの音の自由と規律の均衡に依存する。同様に人間社会は、有限な命をもつ多様な個人の連なりからなり、歴史の中で展開する。社会の豊かさと秩序は、各人に固有の生命のリズムと能力が、他者との協力の中でどのように表現されるかに依存する。音楽は私に、他者の存在への気づきとその自由の尊重を促し、他者と共に世界をつくり、持続させていくことの大切さを教えてくれる。

近代世界は視覚中心の世界である。しかし、時間の中で生成変化するわたしたちの生命的現実、その動き、そのリズムは、「視る」よりも「聴く」ことによってこそ、より鮮明に把捉されはしないか。

社会を音楽的に捉えることはできないだろうか。あれから一四年、サイードとの思い出は新たな課題を私に投げかける。

初出：『オルタ』二〇一三年一〇月号。

## 第4章

# 生まれてくる生命《いのち》を支える社会を創る

イマジン・原発のない未来デモのメッセージ（鎌倉、2011年4月10日、著者撮影）（左端、右端）と、母親になったセヴァン・スズキ（映画『セヴァンの地球のなおし方』提供：アップリンク）（中央）

「カネもうけや効率尊重や暴力革命という手段中心の男性原理ではない。目的と手段が一つになる生命の世界です。［……］〈生命系〉の世界を切り開くために、将来の世代をも含む生命の流れにアイデンティファイするという試みよりほかに、なにか積極的な表現がありうるでしょうか」
——玉野井芳郎(1)

## 1 全体主義国家に支配されるわたしたち

東日本大震災は、重度の原発事故と連動している点で、災害の規模だけでなくその質と意味も問われるべきものである。福島第一原発は地震・津波に被災した直後から冷却装置が動かなくなり、東京電力社員や関連技術者が必死の対応を行ったものの、全国の住民、そして世界の多くの人びとが懸念するとおり、現場では高濃度の放射能漏れが起こった。放射性物質の飛散は周辺地域の農産物から東京・千葉の浄水場にまで広がり、東北、北関東の内陸部にも汚染が確認される。

この原稿を執筆した時点(二〇一一年三月二五日)では、政府は、一部の食品・水道水を除いて「直ちに健康被害が出ることはない」と報告している。しかし、問題の本質は、現時点での放射能汚染の程度がどうであるかではない。原子力発電という二〇世紀を象徴するエネルギー技術が未曾有の事故を起こしたということ、そしてその技術を利用することで経済を動かし、世界の中でも希に見る物質的に豊かで便利な社会となったこの日本の空と大地と海で、数世代にわたって生命の安全を脅かすことになりかねない放射性物質汚染がすでに始まってしまった、ということが重大事なのである。

福島原発事故の危険度がレベル４から５へ、そして６へと引き上げられ、放射性物質汚染のさらなる拡大が予測される現在（最終的にはレベル７）、これからの生活と日本の未来に不安を覚える人びとは少なくないであろう。いったい、わたしたちは、戦後日本の社会発展の歴史の中でどのような状況に置かれているのだろうか。

まず、個人的な体験から話そう。新聞、テレビ、ラジオ、インターネットの記事や映像をとおして、また震災直後から東京と京都の往復を数度繰り返す中で、今回の原発事故の進行をアルベール・カミュの『ペスト』と重ねる自分がいた。

アルジェリアの一都市でペストがいつのまにか拡大する物語と、目に見えない放射性物質が不特定多数の地域に飛散し不安を覚えるわたしたちの現状に、アナロジーを見出したのではない。もちろんそのような解釈も可能だが、それよりも、カミュのこの作品が、当時ヨーロッパで蔓延していた全体主義を暗に批判するために書かれたことを忘れてはならないだろう。全体主義の権力は、人びとが気づかぬうちに社会の隅々にまで浸透し始めている。気がついたときには、ペストに罹るように、わたしたちは全体主義国家に支配されているのである。

同様に、原発建屋の爆発、放射性物質の飛散、避難区域の拡大、汚染される農産物と自然環境……。これら諸々の現象を眺め、聞き、感じる中で、このような原発事故がいつ起こってもおかしくない社会にわ

（１）玉野井芳郎『科学文明の負荷――等身大の生活世界の発見』論創社、一九八五年、四一ページ。

たしたちは半世紀近く暮らしていたのだということに気づかされる。国策として導入され、一部の企業や団体のみを裨益する中央集権的な原子力エネルギー政策の歴史がまず浮かび上がり、そして、コモンズの海・山、地方自治体の自立、民主的な政治文化など、原発政策によって失われてきたもの、あるいは実現を阻まれてきたものの数々が思い起こされる。

そして、現にいまわたしたちが経験している放射性物質汚染による生活および生命の安全の危機がある。ペストの脅威が知らぬ間に日常を包囲するかのごとく、わたしたちは、原子力エネルギー技術とそれを支えるさまざまな政治的・経済的な力に、支持しようが反対しようが、自らの命運を預けてしまっていたことを改めて知らされるのである。

原子力エネルギー政策がその非民主的で社会的な不正義を生み出す内容にもかかわらず進められてきたのは、それが単に国策であるだけではなく、「経済成長」という幻想に支えられてきたからである。二〇一〇年の日本経済は一九五〇年当時の約一一倍ものエネルギー消費の上に成り立っており、原子力エネルギーは電力供給量の約三割を担う。企業の生産活動も市民生活も、大量のエネルギー消費に依存している。原子力発電の安全性に対する疑問が生じたとしても、現行の生活水準と引き替えに脱原発や電力消費の大胆な削減に直ちに合意する企業や消費者は多くはないだろう。実際に、日本経団連の米倉弘昌会長（当時）や日本商工会議所の岡村正会頭（当時）は、福島原発事故後の記者会見で、原子力行政を今後も支持する旨の発言を残している。(2)

## 2 どうしようもないむなしさ

原発事故をめぐるこれら一連の事象を一つの言葉で形容するならば、「むなしさ」という言葉に尽きる。「むなしさ」とはしばしば個人の主観的な感情を表すために用いられるが、私はこの言葉を今回の震災で露わになった日本社会の姿を表すために用いたい。原発震災によって高まる社会的不安や生活のリスクを前に、日本社会は自らの歴史と経験を忘れた漂流者のような姿を見せているからだ。そのように考えられる理由は二つある。

第一は、日本が世界で最初の、そして唯一の原爆投下を受けた国、すなわち核エネルギーの生態学的・医学的・社会的・文化的影響を最初に経験した国であることに関連する。二〇世紀の思想家ハンナ・アーレントは、その著『人間の条件』(一九五八年)の序文で、現代世界が原子爆発によって幕を明けたと述べている。もしそうであるならば、日本は第二次世界大戦以後の世界史の起源であり、戦後世界は生命に対する核の暴力の記憶の上にその歴史を紡いできたと言える。

この世界史的な視座から見たとき、今日の日本にある種の不条理とも言える空虚さを見出さずにはおれ

(2)『北海道新聞』二〇一一年三月一七日(http://www.hokkaido-np.co.jp/news/economic/278915.html)(最終アクセス日二〇一一年三月二五日)。

ない。なぜなら、核廃絶のための歴史的・倫理的指導力を発揮すべきこの国が、スリーマイル島とチェルノブイリ原発事故の教訓にもかかわらず、国民経済の発展の大義のために原子力エネルギー政策を保持してきた歴史が露呈されるからだ。

第二は、高度経済成長期に起こった水俣公害に関連する。チッソ株式会社の工場から水俣湾へと排出されたメチル水銀が原因で、水質汚染が広がり、食物連鎖を通じて現地の住民が汚染された公害事件である。水俣公害はまた、胎児性水俣病患者も生み出した。母親の胎盤を通じて胎児の身体にメチル水銀が吸収され、脳や身体に障がいをもって生まれてくる病気である。胎児性水俣病は、経済活動による環境汚染が、現在生きる人びとの生命だけでなく、これから生まれてくる生命の可能性にも影響を与えることを例証している。この水俣病の経験があるにもかかわらず、福島第一原発事故を通じた環境汚染によって、生命の安全が数世代にわたって奪われる危険が高まっているのである。

未曾有の大震災に揺れる現在の日本社会の姿を私が「むなしい」と形容するのは、原爆投下、チェルノブイリ原発事故、そして水俣病に至るまで、戦後世界の歴史的経験からこの社会が何も学んでこなかった事実が、原発事故に始まる一連の事象に透けて見えるからである。高度経済成長を経て消費社会へと転換した日本は、米国に次ぐ経済力を誇る国となった。いまやわたしたちは、お金を出せば生活必需品から不要なぜいたく品まで、あらゆる商品を手に入れられる。しかし、わたしたちはこれまで、「いかにしてより豊かに、より快適に暮らしていくか」に没頭するあまり、「生まれてくる生命をどのように守っていくか」を置き去りにしてきたように思われる。

## 3 生命の再生産を保障する社会へ

社会の発展について考えるとき、わたしたちは現在生きている自分たちの暮らしを豊かにすることを一生懸命に議論する。たとえば、生活に困らない所得を得る、高水準の教育を受ける、安定した雇用が確保される、仕事が順調である、地域社会に文化施設ができる、老後の生活を保障する福祉制度に恵まれる、などだ。これらはもちろん大切なことである。

だが、こうして「豊かな社会」の理想を描くときに、わたしたちは、自分たちが生きることと同じほどに、生まれてくる生命の可能性について語ることがあったであろうか。

いま、街の通りですれ違った妊婦のお腹の中で生きる胎児、遠いアジアやアフリカの都市や農村で母親のお腹の中からまさに生まれようとしている生命、そして、いまわたしたちが暮らしている街を囲む空や土や川など自然の中のさまざまな生命の連鎖に育まれながら数年後、数十年後に生まれてくるかもしれない生命に対して、どれだけの配慮(ケア)を投げかけて社会を創ってきただろうか。お腹の中にいる胎児を、そしてこれから生まれてくるかもしれない生命を、わたしたちの社会の一員として承認し、彼ら・彼女らが安寧に生きるための社会を創ろうとしてきただろうか。

水俣公害や福島原発事故を省察するたびに問わずにおれないのは、この点である。これから生まれてくる生命のまだ見ぬ姿を見つめ、彼ら・彼女らの声にならぬ声に耳を傾けることで望ましい社会を創ろうとする努力が、これまでの日本において欠けていたのではないだろうか。

まだこの世に現れていない生命に対してケアを投げかけることは難しい。彼ら・彼女らがどのような「生き方」を望むかは、誰も知ることができない。人間の能力・趣味・経験は千差万別であるし、「豊かな生活」の内容やそれを達成する手段も各人各様である。ある人は簡素な生活を好み、別の人はぜいたくな生活を好む。また、ある人は原子力エネルギーの必要性を主張し、別の人は自然エネルギーへの転換を主張する。これらの価値観はしばしば激しい対立を起こす。

しかし、「生まれる」という経験は万人共通である。この普遍的な経験から出発して、多様な生き方の根底に共通の守るべき価値を置く社会を創ることが、これまでどうしてできなかったのか。安心・安全に生命を産み出す活動を数世代にわたって維持する社会、すなわち「生命の再生産」を保障する社会を創ることこそが、わたしたちがもっとも取り組まねばならないことではないだろうか。

生命の再生産は、すべての生物が行うもっとも基礎的な活動である。ところが、今日の日本ではこのもっとも根本的な事柄が忘れ去られ、生きるためのさまざまな条件が危うくなっている。非正規雇用の増大、若年層の失業、高齢者の介護、年金制度の破綻……。昨今の「新成長戦略[3]」をとおして、生活のさらなる市場化も行われようとしている。加えて福島原発事故によって、日本の無縁社会化は、「共に生活するための縁」だけでなく、「共に生命を産み出す縁」をも断ち切る方向へと進みかねない。

大震災の復旧・復興を機縁に日本社会の活力を再生させるとすれば、これまでのような際限なき経済成長を目指す開発政策ではなく、生命の再生産を保障する新しい価値と原理に立脚した政策をとおして行うことが望ましい。それは、より多くの物を消費するという観点からではなく、生命が生まれる力そのものをみんなで支えるという観点から、経済、政治、そして福祉を立て直すことを意味する。
仏教には「正見《しょうけん》」という言葉がある。もののあるがままの姿を正しく捉えることを意味する言葉だ。多くの商品に囲まれながらも生命の営みの根幹が失われていく消費社会を離れ、食べる、触れる、歩く、笑う、話す、聞く、といったわたしたちの日常的な活動の一つひとつをあるがままに捉えることで、わたしたちの生命に本当に必要な社会を創ることが可能ではないのだろうか。すなわち「生きる」だけでなく、「生まれる」という行為に尊厳が与えられる社会をみんなで創ることができないだろうか。混迷を極める日本に投げかけるべきは、この問いである。

初出：『世界』二〇一一年五月号、岩波書店。

（3）民主党政権（当時）が二〇一〇年六月に提唱した経済政策案。「強い経済」「強い財政」「強い社会保障」の実現を目指す。

# 豊かさを変える——包容力ある社会を目指して

「おとなの皆さんに変革のお願いに来ました。未来を失うことは、選挙や株式市場で負けることとは違います。あなたたちは、絶滅した動物を取り戻す方法も、砂漠となった大地を元に戻す方法も知りません。どうやって直すかわからないものを壊し続けるのは、もうやめてください」

一九九二年にブラジルのリオデジャネイロで開催された第一回地球サミットで、カナダ出身のセヴァン・スズキが行った有名な演説である。当時、彼女は一二歳。地球環境破壊防止のための国際的枠組みを決定する重要な会議の場で、彼女は未来の子どもたちの代弁者として登壇した。多くの聴衆の心を動かしたその言葉は、いまなお色褪せない説得力をもっている。

近代民主主義は帝国主義と全体主義を生み出し、二度の世界大戦と民族の大量虐殺を引き起こした。科学技術研究は核兵器開発と結びつき、地球規模での大量虐殺がいつでも可能な状況が出現した。近代文明の発達は、当初の理想とは裏腹に、人間の手に負えない「死の文明」を生み出してしまったのだ。

第二次世界大戦後、「死の文明」は経済分野にも浸透する。欧米・日本の先進国社会は、大量生産・大量消費の生活を追求した結果、資源枯渇、公害、環境ホルモン、食の安全の危機、原発事故など、生命と生活の安全を脅かすさまざまなリスクをかかえるに至った。今日、これら先進国の生活様式は中国・インドなどの新興工業国が模倣するところであり、他の途上国もその後を追いかけている。

かつて思想家ハンナ・アーレントは、全体主義と原爆投下を経験した二〇世紀なかばの世界を「〈砂漠〉が拡大しつつある状況」と形容した。本来、多様な生命が共に生きることができる世界をつくるための政治が、生命の世界そのものの破壊を導いているからだ。

彼女の洞察は、経済のグローバル化が進行する二一世紀の現在にも通用する。資源を浪費する消費主義的な生活は地球環境のさらなる悪化を招き、グローバルな経済競争は地域の雇用を不安定にし、石油、穀物、水などの生活基本財を商品化する節度の欠いたマネー・ゲームは、民衆の生活を翻弄する。地域社会に根を下ろさなくなった経済活動は、社会の活力の泉(オアシス)を生命なき砂漠に変えている。

近年、新しい豊かさを構想し、地域社会の再生と自立に取り組む動きが世界各地で沸き上がっているのは、このような時代背景においてである。これらは、二〇世紀を通して拡大した死の文明の中に、人類生存のためのオアシスの創出を試みる動きであると言えよう。

未来の人類に必要な豊かさとは、「強い国家」「強い科学技術」「強い経済」など、二〇世紀文明を支えた「力の思想」に依拠するものではないだろう。人間を含め、この地球がかかえる生命の一つひとつは脆く壊れやすい。わたしたちの生きる世界は、脆く壊れやすい生命がつながる世界である。そして、このつながりの世界は、未来の生命を迎え入れる場所でもある。生産性や効率性の名のもとで多くの生命を使い捨てる技術を無分別に発達させるよりも、この脆く壊れやすい世界をケアする技術を成熟させることこそが、いま必要ではないだろうか。多様で繊細な生命の世界を育む包容力のある社会こそを、私は「豊かな社会」と呼びたい。

日本社会はどこへ向かうのか。オアシスを創出するのか、それとも広がる砂漠を傍観するだけか。社会の目標をみなで語る時である。

母親となったセヴァンの言葉は、わたしたち一人ひとりに重くのしかかる——「行動で示しなさい」。

初出：『東京新聞』二〇一三年二月一一日「連載豊かさを変える」第五回。

エピローグ

# そしてスイミーになる

## And Becoming Swimmy

レオ＝レオニ『スイミー』
（谷川俊太郎訳、好学社、1969 年）

「みんなが、一ぴきの　おおきな　さかなみたいに　およげるように　なった　とき、スイミーはいった。『ぼくが、めに　なろう』」――レオ＝レオニ『スイミー　ちいさな　かしこい　さかなのはなし』谷川俊太郎訳、好学社、一九六九年。

## 1 ローカリゼーションの潮流

本書を通じてわたしたちは、グローバリゼーションの後に来る時代の地下水脈を探究する小さな旅を続けてきた。その旅も終着駅に向かっている。

いまから四〇年近く前のことだ。英国で誕生したサッチャー政権は、「市場化以外にオルタナティブは存在しない（There Is No Alternative）」を合言葉に、英国の福祉国家制度を次々と解体していった。その頭文字をとってＴＩＮＡの名で知られるこのスローガンは、後に全世界を席巻する市場経済のグローバリゼーションを象徴する記号となる。以来、グローバリゼーションはわたしたちの想像力を強く支配しており、その勢いを止めることは不可能であるかのように思われている。

しかし、二〇世紀を振り返ってみると、ＴＩＮＡのスローガンが現れたまさにその同じ時期に、もう一つの可能性が現れていた。それはローカリゼーションの潮流である。一九七〇年代は、産業文明の過剰発展が地球規模の問題として顕在化した時代である。ローマ・クラブの『成長の限界』、イヴァン・イリイチやＥ・Ｆ・シューマッハーの産業社会批判など、さまざまな分野で活躍する研究者・思想家が、行き過ぎた経済発展の悲劇的結末に警鐘を鳴らし始めた。これらの警告は、エコロジズム、オルタナティブ・テクノロジー、有機農業運動、コミュニティ・ディヴェロップメントなどの市民社会の実践と共振しながら、多様で独創的なローカリゼーションの潮流を形成していく。

世界の経済政策・開発政策の主流が市場原理万能主義へと傾く中、ローカリゼーションの潮流は、生命と生活の商品化を進めるグローバリゼーションに異議申し立てする対抗言説を構築してきた。一九七〇年代末から現在に至るまで、ローカリゼーションの取り組みは拡大し、いまや多元的で重層的なネットワークが全世界的に普及している。ローカリゼーションのための国際連合(International Alliance for Localization)、もうひとつの経済サミット(TOES)、ポスト開発国際ネットワーク、社会的・連帯的経済促進のための大陸間ネットワーク(RIPESS)、世界社会フォーラム(World Social Forum)、スローフード・インターナショナル、テッラ・マードレ、幸せの経済学国際会議は、その代表的な事例である。

ローカリゼーションの潮流は多岐にわたり、一つの中心点に収束されるものでもなければ、何らかの統一的な全体として固定化されるものでもない。多様な実践と理論が世界同時多発的に発生し、インターネットや国際的なフォーラムを通じてノウハウを共有化しながら、絶えず生成変化を続けている。ローカリゼーションの多様な社会的実験は、それぞれの地域の文脈に立脚しながら市場経済のグローバル化の正統性を否認し、脱中心的な草の根のネットワークを地球規模に広げてきた。それらは規模と数からみればまだ少数派ではあるが、地球環境破壊やたび重なる経済・金融危機によって人類の生存基盤が脅かされている現代において、革新的な地域づくりのモデルを提供することに貢献している。

本書では、この多様で生成変化を続けるローカリゼーションを支える思想の水脈の一部を、可能なかぎり多角的な切り口で紹介することを試みた。こうした多様な水脈を一冊の書物という空間の中で配置し、相互に関連付けることで、ローカリゼーションがどのような未来を描こうとしているのかが見えてきたはずである。それは、市場の権力とも国家の権力とも位相を異にする、多様な〈共〉が反響する世界である。この多元的な〈共〉の世界は、自然と人間、そして人間同士の間にあるさまざまな関係を豊かにしていく関係中心の世界である。

## 2 異分子がつくるネットワーク

たしかに、このような〈共〉の世界が産出する生活基盤は、市場経済の生産規模と比べれば小さいし、その価値を貨幣価値で測ることもできない。ともすれば、その存在自体が不可視化されてしまう危険を伴う。主流の経済学者や近代主義的な開発論者から見たら、〈共〉の世界の一つひとつはとるに足らないものだろう。「そんな小さな世界で、いったい何ができるのだ」と、人は言うかもしれない。

けれども、ポルトガルの法社会学者ボアベンチュラ・デ・ソウサ・サントスに従うならば、そのような視線こそ、経済発展主義に色濃く染まった近代社会科学の知の体系の限界であり、問題の根源なのである(1)。わたしたちは、人間の生活を近代西洋の進歩や発展の思想のプリズムをとおして評価する知のモノカルチャーから脱却し、規模や生産力の大小に関係なく、ローカルな実践が生み出すオルタナティブな社会の可能性を積極的に評価していく必要がある。そのための新しい社会科学パラダイムが欠かせない。

したがって、二一世紀において構築すべきは、ローカリゼーションの多様な動きの全体像とその可能性を理解していくための新たな認識論（エピステモロジー）だ。私は本書の制作過程でこの問題について思考実験を続けた結果、レオ＝レオニの作品『スイミー』[2]の中に想像力の源泉を見つけた。

物語の内容はあまりにも有名なので、要約は簡単でよいだろう。

「広い海のどこかで泳いでいた、小さな魚のきょうだいたちがいた。みんな赤い色をしているのに、一匹だけ真っ黒な魚がいる。その魚がスイミーだ。あるとき、巨大な黒い魚がこの小さな赤い魚の群れを飲み込むが、スイミーだけは逃げることができた。スイミーは一人で広い海の中を泳ぎ続け、再び小さな赤い魚のきょうだいたちの群れを見つける。

彼らは一緒になって、大きな魚に食べられない方法を考えた。そのとき、スイミーが考えた妙案が、みんなで大きな魚の形をつくって泳ぐというものだった。小さな赤い魚たちは、互いに近づき合い、大きな魚の形をつくっていく。そして、みんなが一匹の大きな魚みたいに泳げるようになったとき、スイミーが言った。「ぼくが、めに　なろう」。こうして大きな魚の形をした小さな魚の群れは、自分たちのきょうだいを飲み込んだ巨大な魚を追い出したのである」

日本の学校教育ではしばしば、この物語を通じて団結や協調性の大切さを教えるという。しかし、作者

---

（1）Boaventura de Sousa Santos, *Epistémologies du Sud : Mouvements citoyens et polémique sur la science*, Paris, Desclée de Brouwer, 2016.

（2）レオ＝レオニ『スイミー——ちいさな　かしこい　さかなの　はなし』谷川俊太郎訳、好学社、一九六九年。

のレオ=レオニがこめたメッセージはそんな単純なものではない。彼はオランダでユダヤ人の裕福な家庭に生まれ育った。そして、全体主義体制下のイタリアから米国に亡命し、戦後の世界で芸術家として生き続ける。彼にとってスイミーとは、異分子としてあり続けることの決意表明だった。『レオ・レオーニ希望の絵本をつくる人』の作者・松岡希代子は、次のように説明している。

「この物語でもっとも大切なところは、「ぼくが目になろう」というところにある、とレオははっきり語っている。主人公のスイミーはほかの小魚とは違う。そんな異分子の「ぼく」が「目になろう」というのである。それは、自分がほかのものとは異なっていることを認め、自分しかできない役割を担うという決意表明だ(3)」

市場経済のグローバリゼーションが進行する世界において、ローカリゼーションに参加するとは、経済成長や効率性を追求する主流の豊かさの言説に対して異分子になることだ。けれども、たった一人の異分子による豊かさを変えたいという願いは、潜在的に同じ思いをもつ隣人の共感を呼び、その共感の連鎖が物語で描かれたような大きな魚の形をした小さな魚の群れをつくることになる。

『スイミー』のクライマックスで描かれたあの印象的な赤い小魚の集合体は、一つの地域に集まった個性ある人たちのネットワークと捉えられる。もしくは、一匹の小魚を一つの地域と捉え、多様な地域が地球規模のネットワークをつくってローカリゼーションの大きな潮流をつくる姿にも解釈できる。

いずれにせよ、多様な〈共〉が反響する世界とは、特異な個(singularities)のネットワークによって形成される小規模な地域づくりプロジェクトの、グローバルな集合体として描くことができる。地域づくりのプロジェクトは一つひとつが小さな規模だが、それらが多様なままにつながり、互いに影響を与え合う。

それは、まさにマルチチュードがつくる〈共〉の世界である。

## 3 世界を愛し、ケアする

この特異で多様なローカリゼーションのネットワークは、ある一つの理念を共有することでつながり続けるだろう。その理念とは、世界に対する愛である。世界各地のローカリゼーションは、開発とグローバリゼーションが壊してきた人間と生命世界の感性的な関わりを修復するケアの論理を分有している。このケアの論理の中心にあるのは、世界に対する愛にほかならない。わたしたちは生命を産出するこの世界を愛するがゆえに、生命の維持更新に不可欠な関係性をケアするように努めるのである。〈共〉の世界は、このようなケアの行為から生まれる。

グローバル化時代の世界は、無関心の個人主義と排他的な共同体主義の二つの社会的病理の間で引き裂かれている。二一世紀の人類は、現代世界に蔓延する情念の歪んだ回路を修正し、世界をケアする感性を育んでいかねばならない。ローカリゼーションはそのための社会的実験の場であり、わたしたちはそこに参加することで、世界を愛し、ケアすることを学ぶのである。ハート&ネグリは言う。愛は〈共〉の生産に不可欠だと。

（3）松岡希代子『レオ・レオーニ　希望の絵本をつくる人』美術出版社、二〇一三年、一一四ページ。

「あらゆる愛の行動は、既存の存在との切断をしるしづけ、新たな存在を創り出す――貧しさから愛を通して存在へ――という意味において、存在論的な出来事だということができる。存在とは結局のところ、不可避的に〈共〉的なもの、私有化されることも囲い込まれることも拒み、絶えずあらゆる者に対して開放的でありつづけるもののことなのだ（私的な存在論というものは存在しない）。してみれば、愛は存在論的に構成的であると言うことは、愛は〈共〉を生み出すということを意味するにすぎない[4]」

本書で紹介したさまざまな思想の水脈に触れることで、わたしたちの感性が少しでもローカルなもの、〈共〉的なものに対して開かれていくことを期待したい。人間はいつまでもグローバルな消費者を演じるわけにはいかない。ローカルに生き、さまざまな関係を耕す異分子になる時がきているのだ。

さあ、みんな、スイミーになろう！

（4）アントニオ・ネグリ／マイケル・ハート『コモンウェルス（上）――〈帝国〉を支える革命論』水嶋一憲監訳、NHKブックス、二〇一二年、二八九ページ（Hardt and Negri, *Commonwealth*, Cambridge, Mass: Belknap Press of Harvard University Press. 2009, p. 181）。

# キーワード解説（本書登場順）

## 第1章

**豊かさ／富**（wealth）　今日、英語の wealth は富もしくは富裕な生活を指す語として理解されている。しかし、本来その意味は多義的だった。英国社会史・文化史の専門家レイモンド・ウィリアムズの研究によると、wealth の語源は古英語の welth や weal に由来し、その意味は health（健康）と関連づけられている。それは happiness（幸福感）や well-being（心身ともに健やかな状態）の意味を含んでおり、一五世紀には「共同体全体が良い状態であること」を指す Common weal（後の Commonwealth）という語も存在した。しかし、一七〜一八世紀にかけて、その意味はもっぱら金銭的・物質的な豊富さ、すなわち「富」に限定されるようになる（Raymond Williams, *Keywords: a Vocabulary of Culture and Society*, London: Fourth Estate Ltd., 1988, pp. 326-327）。

産業革命期の英国の政治経済学者は、物質的な豊かさ――「富」――の概念化に努めた。たとえばアダム・スミスは『国富論』（一七七六年）において、富がお金によって構成されるという考えが当時の英国社会の常識となっていることを述べている。そして、国民全体の購買力の増加を実現するための経済発展理論を確立した。スミスのこの直観を理論的に精緻化したのは、経済学者ロバート・マルサスである。マルサスは『経済学原理』（一八二〇年）において、経済学が扱うべき富を人間の物質的側面に関わるものだけに限定し、人間生活の精神的・美的側面を考察の対象から排除した（参照 Dominique Méda, *Qu'est-ce que la richesse?*, Paris, Flammarion, 1999）。以後、経済学では、富に関して、物質的側面、とくに市場経済で取引される財・サービスに限定して考えることが主流となっている。

**国内総生産**（GDP：gross domestic product）　一国が一定期間に自国の領土内で生産した財・サービスの付加価値の総量。海外在住の日本人や日系企業の経済活動も含めた指標は「国民総生産」（GNP：gross national product）と呼ばれる。

**関係性の貧困**（relational poverty）　イタリアの経済学者ステファーノ・バルトリーニが『幸福のためのマニフェスト』（二〇一三年、邦訳中）の中で導入している概念。社会関係資本に代表される社会的つながりが欠如している状態を指す。第二次世界大戦後、先進国の一人あたりGDPは増加し続けているが、コミュニティの社会的つながりは低下し続けている。米国の社会心理学者の研究によると、関係性の貧困に陥っている人ほど、精神的な満足を得るために消費主義に依存する傾向がある。

**社会関係資本**（social capital）　人びとの信頼関係、対人関係、ボランティア活動など、コミュニティを支える非経済的な社会関係の総称。二〇世紀初頭から米国の社会学で議論されるようになり、一九九〇年代末にロバート・パットナムによって総合的な研究が行われた。

**チャルカー運動**（The charka movement）　マハトマ・ガンディーによって始められた、インドの伝統的な糸車を使って綿布を生産する経済自立運動。植民地時代のインドの貧困層に広く普及した。機械による大量生産方式に比べると生産性は著しく劣るが、労働集約的であるため、多くの民衆が生産活動に参加し、生活の手段を得られるという利点がある。

**身の丈の経済**（The human scale economy）　大量生産・大量消費の生活ではなく、人間の規模に見合った生活に適合する経済のこと。ガンディーの思想や仏教倫理に影響を受けたE・F・シューマッハーの著作『スモール イズ ビューティフル』において理論化された。人間性を失わない労働、人間の生命や自然の再生能力を破壊しない技術を使って地域循環型の経済をつくることを目指す。身の丈の経済論は、シューマッハーの影響を受けた経済学者ポール・エキンズなどに引き継がれ、現在、ローカリゼーション運動の主要理論となっている。

**自己制御の倫理**（ethics of self-limitation）　自分の欲望を抑

え、節度のある行為をもって生活すること。古代ギリシャの哲学者アリストテレス、古代中国の思想家の老子、中世のカトリック神父アッシジの聖フランチェスコなど、近代資本主義が台頭するまでは世界のさまざまな文化圏において受け入れられていた。二〇世紀に入り、消費社会の抑制不能な拡大に対峙する倫理として新たに注目されている。自己制御の倫理を実践するには、他の人間や自然とのつながりなど、関係性を重視する世界観を発達させていくことが重要である。

**ローカリゼーション**（localization）　人間の身の丈に合った生活空間をそれぞれの地域でつくっていくこと。経済的次元においては、地産地消や自然エネルギーの導入をとおして地域循環型経済をつくることを意味する。政治的次元においては、地域住民や自治体による地域社会のガバナンス能力を高めることを意味する。文化的次元においては、地域の歴史・風土・生活の知恵を再評価し、個性のある地域文化を開花させていくことを意味する。

**地域主義**（regionalism）　経済学者・玉野井芳郎によって一九七〇年代後半に提案された概念。中央集権的な開発政策によって公害事件などの環境破壊と人権侵害が起きたことへの反省から、地域の自立と自治の実現を目指す思想。画一的な近代化・都市化政策とは距離を置き、地域の生態系・文化・風土の固有性を尊重する多系的な発展を構想する。

**脱成長**（フランス語 décroissance）　二一世紀の初頭からフランス、イタリア、スペインなどの南ヨーロッパを中心に広がる新しい思想運動。セルジュ・ラトゥーシュなどによって提唱された。消費社会のグローバル化が引き起こす生活の質の悪化（たとえば、地球環境の破壊、科学技術がもたらす事故、貧困・排除・生き辛さの拡大）を是正するさまざまな理論や実践を提案している。もっとも重視するのは価値観の転換であり、「経済成長という宗教」から脱却し、経済成長主義によって否定されたオルタナティブな生活を再評価することである。具体的な実践として、エコロジカル・フットプリントなどの環境負荷の削減、不平等や排除などの社会的不公正の是正、経済活動や政治の意思決定プロセスのローカリゼーションを提案。

## ■第2章■

**実体的＝実在的経済**(substantive economy)　経済人類学者カール・ポランニーが『人間の経済』(玉野井芳郎・栗本慎一郎訳、岩波現代選書、一九八〇年)において、経済の形式的意味(formal economy)と実体的＝実在的意味(substantive economy)を峻別した。形式的意味は経済化(economizing)という言葉が含意する目的―手段関係の論理性に由来する。近代経済学はこの形式的意味に立脚し、市場メカニズムを通じた資源の合理的配分を達成する方法を探究する。他方で経済の実体的＝実在的意味は、「人間が生活のために自然および彼の仲間たちに明白に依存するということに由来する」(『人間の経済1』五九ページ)。人間は自らの生存維持のために自然環境に働きかけ、物質的欲求を満たすさまざまな制度を発展させる。実体的＝実在的経済とは、人間の生活を再生産するこの制度的過程を指す。ポランニーは人類学的視点から経済史を研究し、実体的＝実在的経済が「市場(market)」「再分配(redistribution)」「互酬性(reciprocity)」の三つの制度に支えられていることを発見した。

**自立共生**(フランス語 convivialité／スペイン語 convivencialidad)　イヴァン・イリイチがその著『コンヴィヴィアリティのための道具』において導入した概念。英語の conviviality は宴会の場でほろ酔いになっている様子を指す。しかし、イリイチは英語の意味ではなく、古いスペイン語の convivencialidad の意味で使用している。このスペイン語は、「一つの谷間の共有地(コモンズ)を利用する共同体のきずな、まとまり」を指す。それが転じて近代のスペイン語では、形容詞(convivencial)として人格の表現に使われ、「身なりは質素で地味だが、共同体の中で頼りにされるしっかりした男」という意味をもつようになった(イリイチ・フォーラム編『イリイチ日本で語る人類の希望』新評論、一九八一年、二〇八ページ)。つまりコンヴィヴィアリティは、共同体の成員と共に生きていくための分かち合いの生活倫理を指す。イリイチ自身が述べるように、それはアリストテレスやトマス・アクィナスの友愛(philia)の思想に通じる。

**コモンズ**(the commons)　共同体の生存維持に必要な共有財産。近代以前の伝統的な社会では、森林、牧草地、水、川、海などの自然資源を共同体の成員で共同管理していたことに由来する。イリイチが指摘するように、近代産業社会はコモンズの価値を貶めて、商品経済の領域を拡大することによって発展した。市場経済のグローバル化が進行した二一世紀に、社会運動を通じてコモンズを再構築する試みが世界各地で始まっている。自動車、自転車、仕事場、空き家を市民同士でシェアして利用する共有化(commoning)の実践や、いったん民営化された水資源などを地域社会のコモンズとして再公有化する動きが有名である。フランスのパリでは二〇一七年一〇月から、コモンズの歴史や実践例について学ぶ市民講座「コモンズ大学(Université du Bien Commun)」が開講されている。

**贈与**(gift)　フランスの人類学者マルセル・モースは主著『贈与論』(吉田禎吾・江川純一訳、ちくま学芸文庫、二〇〇九年)(原著 Marcel Mauss, *Essai sur le don*, 1925)において、ポリネシアやメラネシアの伝統的な経済生活について研究した。その研究によると、これら伝統的な社会では、成員同士の間で贈り物を「与え」「受け」「返す」という互酬的な贈与の論理を通じて社会的紐帯が構築される。モースのこの発見は、社会契約と市場交換に基づく近代ヨーロッパ社会の正統性を相対化することに貢献した。フランスでは一九八〇年代以降、社会学者アラン・カイエを中心にモースの議論を再評価する動きが進んでおり、市場原理よりも互酬性や贈与の論理を重視する経済・社会理論(たとえば連帯経済)が構想されている。

**道徳的経済**(moral economy)　民衆の相互扶助や連帯に基づくコミュニティ経済。英国の歴史家E・P・トムソンによって名付けられた。トムソンは一八世紀後半の英国における貧しい労働者階級の生活について研究。彼らの生存維持活動が、相互扶助や連帯などの非資本主義的原理を基礎に成立している点に注目し、その倫理的な側面を指して道徳的経済(モラル・エコノミー)と呼んだ。その後、他の多くの歴史家の研究によって、この種の道徳的経済が中世からヨーロッパのさまざまな地域に存在していたことがわかってきている。また一九七〇年代以降は、米国の人類学者ジェイムズ・C・スコットなどによって、アジア、アフリカ、ラテンアメリカ諸国の小農民の生存維持活動を指す語としても使用されている。道徳的経済は、現在世界各地で展開している連帯経済の源流の一つであると考えられている。

**想念の植民地化**(フランス語 la colonisation de l'imaginaire) マジード・ラーネマやセルジュ・ラトゥーシュなど、主にフランス語圏の脱開発・脱成長論者によって使われている表現。わたしたちの物の見方や想像力が経済学の認識枠組みに支配されてしまうこと。資本主義経済が引き起こした問題を解決するのに、問題を引き起こした物の見方に囚われていては、解決はおろか、かえって問題を深刻化させる。したがって、真に独創的な解決法を生み出すには、わたしたちの物の見方や想像力を経済学の認識枠組みから解放していかなければならない。

**マルチチュード**(the multitude) 直訳すると多数者。一七世紀のヨーロッパでは、近代国家の権力の領域から排除された貧しい民衆を指していた。二〇世紀末にマイケル・ハートとアントニオ・ネグリによって、グローバル化した資本主義経済の中で生存権を奪われたさまざまなアイデンティティをもつ貧しい民衆の集合体を指す言葉として再定義される。たとえば、先住民族、不安定労働者、シングル・マザー、高学歴ワーキングプア、学費を払えない学生などがそうである。今日この概念は、反グローバリズム左派の社会運動の鍵概念として世界的に普及している。

**生政治的生産**(biopolitical production) ハートとネグリは、フーコーの生政治(biopolitics)の概念を応用してグローバル資本主義の権力構造を分析する。彼らによると、二一世紀の資本主義経済は、これまで以上に地球上の生命の商品化を進めている。人間の生活を含めたあらゆる生命が統治の対象となり、資本主義の権力の網の目に取り込まれているのだ。しかし、このグローバルな生政治の内部から、資本主義とは異なる新たな生活様式を創出しようとする抵抗運動が現れている。ハートとネグリは、生政治を抑圧的側面からではなく抵抗運動の側面から捉え直したうえで、被従属的立場に置かれている民衆が生活を自律的に統治する生産活動に注目する。

**補完通貨**(complementary currency)　地域コミュニティの中で循環する通貨。地域通貨(local currency)、社会的な通貨(la monnaie sociale)、地域交換システム(Local Exchange Trading System＝LETS)など、地域や言語圏によってさまざまな呼称がある。円、ドル、ユーロなどの法定通貨と異なり、補完通貨を使用する人びとの間の相互承認によって維持される。その目的は利潤追求ではなく、法定通貨を使用して行われる市場経済活動では満たされない、コミュニティの非貨幣的・非市場的なニーズを可視化し、満たすことにある。また、お金の地域内循環を通じて、地域循環型の経済を生み出すことにも貢献する。カナダのLETS、米国のタイム・ダラー、イタリアやスペインの時間銀行、英国ロンドンのブリクストン・ポンドが有名。

## ■第3章■

**ネットワーク社会**(the networked society)　一九九〇年代なかばに米国の社会学者マニュエル・カステルによって提唱された概念。インターネットによって空間的・時間的制約にしばられずに人びとのコミュニケーションが広がり、多様なネットワークを通じて社会が再編成されるようになったことを指す。

**単一的思考**(フランス語 la pensée unique)　フランス語ではグローバリゼーションを単一的思考と呼んで批判する。市場原理という単一の法則によって社会を統治し、社会関係の多様性、文化の多様性、生物の多様性を見えなくするからである。

**世界社会フォーラム**(world social forum)　二〇〇一年にブラジルのポルト・アレグレで始まった反グローバリズム左派の世界フォーラム。毎年スイスのダボスで開催される世界経済フォーラムに対抗するために、フランスの月刊誌『ル・モンド・ディプロマティーク』とブラジルの市民団体の協力によって始められた。市場経済のグローバル化が引き起こすさまざまな問題を、世界各地から集まった市民団体が議論する。過去にはイラク戦争、気候変動、アマゾンの生物多様性の保全、脱成長、アラブの春、アフリカ市民社会の民主化なども議論された。社会運動の多様性を重視し、運動体の間の水平的なネットワークを通じた運動の普及に努めている。

**共通善**(英語 the common good／フランス語 le bien commun)共同体で共有される善の観念、および善く生きるための共通の生活基盤。古代ギリシャの哲学者アリストテレスが『政治学』や『ニコマコス倫理学』において、人間の社会生活の目標を共通善の実現にあると述べたことは有名である。人類学や比較文明論の研究を通じて、近代以前の伝統的な社会では、洋の東西を問わず、共通善の実現が社会の目標であったことがわかってきている。とくにフランス語、スペイン語、イタリア語などのラテン語圏では、共通善を表す le bien commun(フランス語)、el bien común(スペイン語)、il bene comune(イタリア語)は共同体の共有財(コモンズ)も意味する。そのため近年、これらの言語圏では、共通善の議論とコモンズの議論が交差する形で新しいコミュニティ経済理論がつくられている。

# 人名解説（アイウエオ順）

**ハンナ・アーレント**〔Hannah Arendt, 一九〇六～一九七五〕　ドイツ出身の政治理論家。ナチスドイツの全体主義、広島への原爆投下など、二〇世紀に出現した新たな形態の暴力を哲学的に省察し、人間の公共的生活のあり方を問い直した。主著『全体主義の起源（1）（2）（3）』（大島かおり他訳、みすず書房、一九七二～七四年）、『人間の条件』（志水速雄訳、ちくま学芸文庫、一九九四年）。

**アッシジの聖フランチェスコ**〔Francis of Assisi, 一一八二～一二二六〕　イタリア半島南部のアッシジで活躍した中世のカトリック修道士。自然と調和した簡素な生活を実践した。現地の貧しい人びとの自立のために、現代のマイクロ・ファイナンスに通じる経済活動を行ったことでも有名。その生き方は近年、脱成長やコミュニティ経済の先駆者として、南ヨーロッパやラテンアメリカを中心に再評価されている。

**アリストテレス**〔Aristotle, 三八四BC～三二二BC〕　古代ギリシャの哲学者。主著『政治学』『ニコマコス倫理学』において共通善の思想を確立した。現在、その思想は功利主義に代わる倫理学として再評価されており、とくに南ヨーロッパでは脱成長や市民的経済など、彼の共通善思想に基づくさまざまな経済・社会理論が提案されている。

**イヴァン・イリイチ**〔Ivan Illich, 一九二六～二〇〇二〕　オーストリア生まれの思想家。産業社会のさまざまな制度（学校、病院、交通、市場経済）の肥大化が、人間の自律性の喪失を招いていることを歴史的な観点から明らかにした。主著『コンヴィヴィアリティのための道具』（渡辺京二他訳、ちくま学芸文庫、二〇一五年〔一九八九年〕）、『エネルギーと公正』（大久保直幹訳、晶文社、一九七九年）。

**シモーヌ・ヴェイユ**〔Simone Weil, 一九〇九～一九四三〕　フランスの思想家。近代科学から全体主義まで、近代西洋文明の諸制度を批判的に考察する論考や著作を残した。二〇世紀前半という早い時期に生産力主義の経済・技術体制の限界を看破したことから、近年フランスでは、脱成長の先駆者として再評価されている。主著『自由と社会的抑圧』（冨原眞弓訳、岩波文庫、二〇〇五年）、『根をもつこと（上）（下）』（冨原眞弓訳、岩波文庫、二〇一〇年）、『重力と恩寵』（冨原眞弓訳、岩波文庫、二〇一七年）。

**アルトゥロ・エスコバル**〔Arturo Escobar, 一九五二〜〕コロンビア出身の人類学者。脱開発論の中心的人物として世界的に知られている。主著『開発との遭遇——第三世界の構築と解体』（一九九五年、未邦訳）、『差異のテリトリー——場所、社会運動、生活、ネットワーク』（二〇〇八年、未邦訳）、主論文「開発批判から〈もうひとつの経済〉の考察へ——多元世界、関係性中心の思想」（中野佳裕編・訳、ジャン＝ルイ・ラヴィル、ホセ・ルイス・コラッジオ編『二一世紀の豊かさ——経済を変え、真の民主主義を創るために』コモンズ、二〇一六年、所収）。

**グスタボ・エステバ**〔Gustavo Esteva, 一九三六〜〕メキシコの経済学者。脱開発論者の一人。長年イヴァン・イリイチのもとで学び、ラテンアメリカの現実から開発批判を展開している。南部メキシコのサパティスタ蜂起の研究の先駆者でもある。主著『草の根のポストモダニズム』（マドゥ・スリ・プラカシュとの共著、一九九八年、未邦訳）。『学校のない社会への招待——〈教育〉という〈制度〉から自由になるために』（共著、中野憲志訳、現代書館、二〇〇四年）。

**コルネリウス・カストリアディス**〔Cornelius Castoriadis, 一九二二〜一九九七〕ギリシャ生まれ、フランスで活躍した思想家。消費社会の発展に伴う人間の生活倫理の衰退や環境破壊を批判的に検討し、自己制御の倫理を実践する民主主義の再生を探究した。主著『意味を見失った時代——迷宮の岐路4』（江口幹訳、法政大学出版局、一九九九年）。

**アルベール・カミュ**〔Albert Camus, 一九一三〜一九六〇〕アルジェリア出身の作家、思想家。実存主義文学の代表的作家として、第二次世界大戦前後のヨーロッパで活躍した。主著『異邦人』(一九四二年)、『ペスト』(一九四七年)。『反抗的人間』(一九五一年)に所収の論文「正午の思想」(la pensée du midi)は、巨大化する近代産業文明の自滅的な未来に歯止めをかける倫理を提案しているとして、近年フランスで読み直しが始まっている。

**マハトマ・ガンディー**〔Mahatma Gandhi, 一八六九〜一九四八〕 インドの思想家・政治指導者。インドや南アフリカで反植民地運動を指導し、その影響は他の第三世界諸国に広く及んだ。手紡ぎの糸車(チャルカー)を使用することで貧困層に手仕事を与える運動を展開したことでも有名。その思想は近年、身の丈の経済論として再評価されている。主著『わたしの非暴力(1)(2)』(森本達夫訳、みすず書房、一九九七年)、『真の独立への道――ヒンド・スワラージ』(田中敏雄訳、岩波文庫、二〇〇一年)。

**アンドレ・ゴルツ**〔André Gorz, 一九二三〜二〇〇七〕 オーストリア生まれ、フランスで活躍した思想家。エコロジー社会を創るため、ローカリゼーションや脱資本主義的な働き方を理論化した。主著に『エコロジスト宣言』(高橋武智訳、緑風出版、一九八〇年)、『資本主義・社会主義・エコロジー』(杉村裕史訳、新評論、一九九三年)がある。

**エドワード・サイード**〔Edward W. Said, 一九三五〜二〇〇三〕 パレスチナ出身の米国人。カルチュラル・スタディーズの先駆者の一人。主著『オリエンタリズム』(今沢紀子訳、平凡社ライブラリー、一九九三年)、『文化と帝国主義(1)(2)』(大橋洋一訳、みすず書房、一九九八〜二〇〇一年)において、近代ヨーロッパ諸国が文化表象を通じて自らの植民地主義と帝国主義を正統化するメカニズムを明らかにした。また、長年イスラエル・パレスチナ問題に取り組み、異文化間の対話を基本とする解決策を模索した。

**ヴォルフガング・ザックス**〔Wolfgang Sachs, 一九四六〜〕 ドイツの経済学者、環境思想家。イヴァン・イリイチの弟子の一人であり、脱開発論を提唱している。国連の地球サミット（一九九二年、二〇〇二年、二〇一二年）をめぐる国際政治の権力構造の研究で有名。編著に『脱「開発」の時代――現代社会を解読するキイワード辞典』（三浦清隆他訳、晶文社、一九九六年）。

**ボアベンチュラ・デ・ソウサ・サントス**〔Boaventura de Sousa Santos, 一九四〇～〕　ポルトガルの法社会学者。近代ヨーロッパの社会科学パラダイムの転換を模索する研究や、反グローバリズム左派の社会運動の研究で有名。主編著『民主主義の民主化――参加型民主主義の道』（二〇〇五年、未邦訳）、『もうひとつの生産は可能だ』（二〇〇六年、未邦訳）。主論文「ラテンアメリカにおける国家の再建」（中野佳裕編・訳『二一世紀の豊かさ』所収）。

**ヴァンダナ・シヴァ**〔Vandana Shiva, 一九五二～〕　インドの環境活動家・フェミニスト・科学哲学者。インドの農村地域の環境保護活動や伝統種子を守る運動を進めながら、開発とグローバリゼーションのさまざまな問題について執筆・講演活動を行っている。主著『生きる歓び――イデオロギーとしての近代科学批判』（熊崎実訳、築地書館、一九九四年）、『アースデモクラシー――地球と生命の多様性に根ざした民主主義』（山本規雄訳、明石書店、二〇〇七年）。

**E・F・シューマッハー**〔Ernst Friedrich Schumacher, 一九一一～一九七七〕　ドイツ生まれ、イギリスで活躍した経済学者。ガンディーの思想や仏教の影響を受け、人間性を失わない技術を使用する身の丈の経済論を提案した。主著『スモール　イズ　ビューティフル』（酒井懋他訳、講談社学術文庫、一九八六年〔一九七七年〕）。

**サン・ジュスト**〔Louis Antoine de Saint-Just, 一七六七～一七九四〕　フランス革命期に活躍した政治家。「幸福とは、フランス革命直後にヨーロッパで生まれた新しい概念である」という言葉を残したことで有名。ここで言われる幸福とは経済発展によって獲得される物質的豊かさを意味するため、近代産業社会を象徴する言葉としてしばしば思想家たちによって引用される。

**ニコラス・ジョージェスク＝レーゲン**〔Nicholas Georgescu＝Roegen, 一九〇六〜一九九四〕　ルーマニア生まれの経済学者。生物物理学や熱力学の観点から、際限のない経済成長の追求が不可能であることを証明した。主著『エントロピー法則と経済過程』（高橋正立他訳、みすず書房、一九九三年）。

**スピノザ**〔Baruch De Spinoza, 一六三二〜一六七七〕　オランダの哲学者。一七世紀の近代合理主義の流れを汲みつつも、汎神論に基づく独創的な哲学を構築したことで知られる。二〇世紀最後の四半世紀に、マルクス主義の系譜を汲むヨーロッパの社会思想家によって「力能の哲学」として再評価された。また、自然と神を一つと捉えるその哲学体系は、深刻化する地球環境破壊を克服する環境思想の一つとして再評価されている。主著『エチカ――倫理学（上）（下）』（畠中尚志訳、岩波文庫、一九五一年）。

**玉野井芳郎**〔一九一八〜一九八五〕　日本の経済学者。一九六〇年代の日本で起こった一連の公害事件に対する反省から、エコロジーの視点で経済学の再構築を模索した。また、中央集権的な日本の開発体制に反対し、地域主義を提唱。その思想は、現在世界各地で展開しているローカリゼーション運動に共振するものとして、近年再評価が始まっている。主著『エコノミーとエコロジー――広義の経済学への道』（みすず書房、一九七八年）、『科学文明の負荷――等身大の生活世界の発見』（論創社、一九八五年）。

**ジル・ドゥルーズ**〔Gilles Deleuze, 一九二五〜一九九五〕　フランスの哲学者。〈差異〉や〈生成〉などの概念を軸に、〈存在〉の立場から世界を固定的に捉える西洋哲学の伝統を克服する哲学を探究した。認識論、美学、政治から資本主義批判まで、その問題関心は多岐にわたる。スピノザの哲学の再評価に努めたことでも有名。主著『意味の論理学』（岡田弘・宇波彰訳、法政大学出版局、一九八七年）、『差異と反復』（財津理訳、河出書房新社、一九九二年）、『スピノザ――実践の哲学』（鈴木雅大訳、平凡社ライブラリー、二〇〇二年）。

**中村雄二郎**〔一九二五～二〇一七〕　日本の哲学者。人間の感性の領域から現代社会の制度的現実の諸問題を問い直す多くの著作を刊行。その最大の貢献は、共通感覚の研究を通じて、科学文明の暴走を防ぐ体性感覚的な知の働きに光を当てたことである。主著『哲学の現在――生きること考えること』（岩波新書、一九七七年）、『共通感覚論』（岩波現代文庫、二〇〇〇年〔一九七九年〕）、『臨床の知とは何か』（岩波新書、一九九二年）。

**アシス・ナンディー**〔Ashis Nandy, 一九三七～〕　インドの政治学者。脱植民地化したインドの民衆の精神構造を分析し、植民地主義の歴史的遺産からの解放の道を模索する研究を行っている。また、インドの近代化・開発政策を批判的に検討し、独自の脱開発論を提案した。主著『親密な敵――植民地主義下の自己の喪失と回復』（一九八三年、未邦訳）、編著『科学、ヘゲモニー、暴力』（一九八八年、未邦訳）。

**アントニオ・ネグリ**〔Antonio Negri, 一九三三～〕　イタリアの思想家。スピノザとマルクスの著作の批判的読解を通じて、グローバル資本主義に対抗する革命理論を提唱。マイケル・ハートとともにマルチチュードの理論化に努めたことでも有名。主著『構成的権力――近代のオルタナティブ』（杉村昌昭・斉藤悦則訳、松籟社、一九九九年）、『野生のアノマリー――スピノザにおける力能と権力』（杉村昌昭・信友建志訳、作品社、二〇〇八年）。

**ルイス・ハイド**〔Lewis Hyde, 一九四五～〕　米国の文化研究者。贈与の論理の再評価を通じて、市場交換とは異なる人間の社交性に光を当てたことで有名。主著に『ギフト――エロスの交易』（井上美沙子　林ひろみ訳、法政大学出版局、二〇〇二年）、『トリックスターの系譜』（伊藤誓他訳、法政大学出版局、二〇〇五年）。

**ロバート・パットナム**〔Robert Putnam, 一九四〇～〕　米国の政治学者。社会関係資本研究の第一人者。経済発展を続ける二〇世紀後半の米国で、地域コミュニティの社会関係資本が衰退していることを実証した。主著『孤独なボウリング――米国のコミュニティの崩壊と再生』(柴内康文訳、柏書房、二〇〇六年)。

**マイケル・ハート**〔Michael Hardt, 一九六〇〜〕 米国の政治学者。イタリアの政治思想を専門とする。アントニオ・ネグリとともに、グローバル資本主義に抗する革命理論を構想したことで有名。ネグリとの共著に『〈帝国〉――グローバル化の世界秩序とマルチチュードの可能性』(水島一憲他訳、以文社、二〇〇三年)、『マルチチュード――〈帝国〉時代の戦争と民主主義(上)(下)』(幾島幸子訳、NHKブックス、二〇〇五年)、『コモンウェルス――〈帝国〉を超える革命論(上)(下)』(水島一憲監訳、NHKブックス、二〇一二年)。

**パウロ・フレイレ**〔Paulo Freire, 一九二一〜一九九七〕 ブラジルの教育学者。教師が一方的に教える知識偏重型の教育を批判し、学ぶ者が自発的に社会問題の発見と解決を行う教育方法を創案した。その教育哲学はイヴァン・イリイチやマジード・ラーネマに大きな影響を与え、脱開発論の中心的な哲学となっている。主著『被抑圧者の教育学』(三砂ちづる訳、亜紀書房、二〇一一年〔一九七九年〕)。

**カルロ・ペトリーニ**〔Carlo Petrini, 一九四九〜〕 イタリアの社会運動家。スローフード運動の創始者。一九六〇年代の学生運動を経て、直接的な政治運動よりも文化活動を通じた社会の変革に関心をもつ。一九八六年に故郷の農村ブラで地域の食文化を再評価するスローフード協会を設立。一九八九年にスローフード・インターナショナル会長に就任。二〇〇四年からは、世界各地の小規模農家・漁師の国際的連帯を推進するテッラ・マードレというフォーラムも主宰している。主著『スローフードの奇跡――おいしい、きれい、ただしい』(石田雅芳訳、三修社、二〇〇九年)。

**ロブ・ホプキンス**〔Rob Hopkins, 一九六八〜〕 英国の環境活動家。二〇〇六年にデヴォン州トットネスでトランジションタウン運動を開始。地域レジリエンスをキーワードに、パーマカルチャー、補完通貨、自然エネルギーなどを組み合わせた循環型社会の構想に取り組んでいる。主著『トランジション・ハンドブック――地域レジリエンスで脱石油社会へ』(城川桂子訳、第三書館、二〇一三年)。

**カール・ポランニー**〔Karl Polanyi, 一八八六〜一九六四〕 ハンガリーの経済人類学者。人類の経済史を比較文明論の立場から研究することで、近代西欧文明が生み出した市場社会の特殊性を明らかにした。主著『大転換――市場社会の形成と崩壊』(野口建彦・栖原学訳、東洋経済新報社、二〇〇九年〔一九七五年〕)、『人間の経済1&2』(玉野井芳郎・栗本慎一郎訳、岩波現代選書、一九八〇年)。

**セルジュ・ラトゥーシュ**〔Serge Latouche, 一九四〇〜〕 フランスの経済学者・哲学者。ヨーロッパにおける脱成長理論の第一人者。南ヨーロッパのエコロジー運動やローカリゼーション運動に大きな影響を与えている。また、イヴァン・イリイチやコルネリウス・カストリアディスなど、脱成長理論の先駆者を再評価する研究も行う。主著『経済成長なき社会発展は可能か?――〈脱成長〉と〈ポスト開発〉の経済学』(中野佳裕訳、作品社、二〇一〇年)、『〈脱成長〉は、世界を変えられるか?――贈与・幸福・自律の新たな社会へ』(中野佳裕訳、作品社、二〇一三年)。

**ダグラス・ラミス**〔Douglas Lummis 一九三六〜〕 米国出身の政治学者。脱開発論者の一人。経済発展の構造的矛盾について、日本やアジアの開発問題を踏まえながら研究している。主著『ラディカル・デモクラシー――可能性の政治学』(加地永都子訳、岩波書店、一九九八年)、『経済成長がなければ私たちは豊かになれないのだろうか』(平凡社ライブラリー、二〇〇四年)、『ガンジーの危険な平和憲法案』(集英社新書、二〇〇九年)。

# あとがき

帰国して日本で学術活動を始めて九年目が過ぎつつある。ようやく、海外よりも日本の大学での研究生活のほうが長くなってきた。このような節目の時期に、日本語で初の単著を出版できたことは、望外の喜びである。

学問の世界とはまったく無縁であった私が、一〇代のころにかかえた疑問にこだわり続けた結果、いつしか研究者の道を歩むようになっている。もともと音楽を作曲・演奏したり、絵を描いたり、舞台演出を企画することが好きで、子どものころから直観的に閃いたイメージや色彩を頼りに物を考える癖があった。理屈でものごとを分析・説明することは大の苦手。言葉を論理的に使いこなすことがなかなかできず、言葉のもつ音感、リズム、色彩などのイメージの世界が気になってしかたがなかった。

人間と社会の関係、その中における経済の意味を考えたいと思ったのは、高校時代だ。興味をもったのは言語学や哲学。それらを通じて社会における言語の作用を学んだ後に、最終的には音楽を中心とした舞台芸術の場でその問題関心を具現化していきたいと思っていた。いま思えば、身のほど知らずの無謀な夢である。結局、大学を卒業するときに楽器をペンに持ち替え、苦手な「論理の世界」に入り込んだ。

学者としての素質が自分にどれだけあるかはわからない。正直言って、昔も今も、自分は学者には向いていないと思っている。アカデミアの世界は形式ばっていて、どことなく窮屈だという印象は、いまも変わらない。そういう場にいると、ディストーションを目いっぱいかけたギターで型破りなノイズ音をかき鳴らしたくなる。音楽や絵画、演劇や映画の言語のほうが、世界をより良く表現できるのに。アカデミアの世界はいったい何をやっているのだ。物を考える営みは、もっとリズミカルで創造的なものじゃないか、もっと自由で表現豊かなものじゃないか。気がつけば、どこもかしこも研究費獲得や査読論文執筆に明け暮れてばかり。大学も学会も何でこんなに退屈なのか……。そう思ってしまうのは、きっとこの業界に向いていない証拠だろう。

だからこそ、最初の単著は自由な形式で書きたかった。形式に則った専門研究者向けの学術書よりも、読者の想像力を刺激する「読み物」を創りたかった。なぜなら、理知的に考えたりじっと座って勉強するのが苦手だった私を学問の世界に誘ってくれたのは、そのような想像力を刺激する文学作品であったり、思想書であったり、映画や歌や詩の言葉の数々であったりしたのだから。自分が学生時代に「楽しい」と思った知的冒険の経験を、今度は自分がプロデュースしていく番である。

本書を手にした方が少しでもローカリゼーションについて考える楽しみを味わい、読書会などを通じてコミュニケーションの輪を広げていくことを願っている。コンヴィヴィアルな市民文化は、他者と共に楽しく考え、語り合い、学び合うことから始まるのだから。

〈共〉の世界をどのように描いていくかは、私の今後の研究活動で探究していきたいテーマである。この小著では、その問題群の一部を多様な切り口と語り口で提示してみた。もちろん、本書で紹介したことがすべてではない。しかし、私がこれから専門的に探究していきたいと思っているトピックは、まんべんなく網羅できたと思っている。

本書で繰り返し述べているように、これからの地域づくりは、人間と物の世界との感性的な関係を捉え直すことから始めなければならない。わたしたちはもっと表現的な人間にならねばならない。だからこそ、このテーマに関わる学問研究は、人間の感性的な次元を重視し、未来への構想力を育むような言葉と仕掛けを演出していく必要がある。ローカリゼーションに関する研究分野においては、そこに携わった人が〈共〉の表現者となれるような、創造性と芸術性にあふれる知が生まれることを期待したい。

最後に、私の今後の活動予定を紹介しておこう。次の単著として現在、セルジュ・ラトゥーシュの脱成長理論に関する研究書を準備している。これまでラトゥーシュの思想については、学術論文や二冊の翻訳書を通じてその基本テーマを紹介してきた。彼の脱成長理論について私なりに理解を深めてきたこのタイミングで、その骨子となる部分を一冊の研究書にまとめてみたいと思っている。また、イタリアの経済学者ステファーノ・バルトリーニの『幸せのためのマニフェスト』の翻訳も進行中である。(注) バルトリーニの議論は本書でも少し紹介したが、日本をはじめ先進国の未来図を議論する際の物差しとなる一冊である。

今後も世界のさまざまな経済・社会理論との対話をとおして、〈共〉の世界の表現法を自分なりに創出していく予定だ。そして、単なるテクネー(技術)ではない、ポイエシス(表現的な制作活動)としての経済のあり方を探究できればと思っている。

本書の制作にあたって、出版社コモンズの大江正章さんから多くの助言と協力をいただいた。大江さんと本を創るのは『脱成長の道』(二〇一一年)、『二一世紀の豊かさ』(二〇一六年)に続いて三作目となる。伝統職人業の家庭で生まれた私にとって、物づくりに対する職人魂を忘れない編集者と出会えたことは大きな財産である。この場を借りて改めてお礼を申し上げたい。

なお、第3章「精神の地域主義」執筆にあたっては、山口県光市の市立図書館で郷土史の資料を調べたほか、地元の臨済宗・普賢寺の桝野象堂氏から室積の歴史について学んだ。ご多忙の中、聞き取りの時間をつくってくださったことにお礼を申し上げる。また、巻末のキーワード・人名解説に関して、国際基督教大学四年生(当時)の前島萌子さんにリストの整理を手伝っていただいた。一年生のときから私の講義を受講している学生で、ICUスローライフ倶楽部の設立メンバーでもある。卒論執筆で忙しい中、手間のかかる作業を積極的に引き受けてくれたことに感謝したい。

国際基督教大学社会科学研究所には、日頃より私の研究活動にご理解とご協力をいただいている。所長ならびにスタッフの皆様に謝意を表し、本書を捧げる。そして last but not least。本書は同大学で担当している開発学入門、平和研究、開発倫理学入門の成果である。これまで私の講義に参加してくれた受講生全員に感謝したい。これらの講義は、君たちと共に築き上げてきた。本書は私から諸君へのささやかな贈り物である。

二〇一七年九月三〇日

中野　佳裕

---

(注)訳書は『幸せのマニフェスト』として二〇一八年にコモンズより刊行された。

**【著者紹介】**


**中野佳裕（なかの　よしひろ）**

PhD（英国サセックス大学）。専門は社会デザイン学、グローバル・スタディーズ、人新世研究。国際基督教大学社会科学研究所非常勤助手、同大学教養学部非常勤講師、早稲田大学地域・地域間研究機構次席研究員を経て、2022年4月より立教大学21世紀社会デザイン研究科特任准教授。セルジュ・ラトゥーシュの著作の翻訳を通じて欧州の脱成長運動を日本に紹介。人新世における開発のグローバル・リスクおよびローカルな変革運動の可能性について研究中。共編著『21世紀の豊かさ――経済を変え、真の民主主義を創るために』（コモンズ、2016年）、共著『脱成長の道――分かち合いの社会を創る』（勝俣誠、マルク・アンベール編著、コモンズ、2011年）など。訳書にS・ラトゥーシュ著『脱成長』（白水社・文庫クセジュ、2020年）、同『〈脱成長〉は、世界を変えられるか？』（作品社、2013年）、同『経済成長なき社会発展は可能か？』（作品社、2010年）、ステファーノ・バルトリーニ著『幸せのマニフェスト』（コモンズ、2018年）など。詳細はウェブ研究室（https://postcapitalism.jp/index/）まで。



カタツムリの知恵と脱成長

二〇一七年一二月 五日 初版発行
二〇二三年 五 月三〇日 二刷発行

著　者　中野佳裕



発行所　コモンズ
東京都新宿区西早稲田二—一六—一五—五〇三
TEL〇三（六二六五）九六一七
FAX〇三（六二六五）九六一八
振替　〇〇一一〇—五—四〇〇一二〇
info@commonsonline.co.jp
http://www.commonsonline.co.jp/

印刷・創文／製本・東京美術紙工
乱丁・落丁はお取り替えいたします。
ISBN 978-4-86187-142-9 C 0036